创新与研发管理系列丛书

研发绩效管理
手册（第2版）

The Handbook of
Research and Development
Performance Management, Second Edition

青铜器软件系统有限公司　著

电子工业出版社·
Publishing House of Electronics Industry
北京·BEIJING

图书在版编目（CIP）数据

研发绩效管理手册 / 青铜器软件系统有限公司著. —2 版. —北京：电子工业出版社，
2018.3

（创新与研发管理系列丛书）

ISBN 978-7-121-33583-9

Ⅰ. ①研… Ⅱ. ①青… Ⅲ. ①企业创新－创新管理－手册 Ⅳ. ①F273.1-62

中国版本图书馆 CIP 数据核字(2018)第 019876 号

责任编辑：刘露明

文字编辑：王　斌

印　　刷：北京盛通数码印刷有限公司

装　　订：北京盛通数码印刷有限公司

出版发行：电子工业出版社

　　　　　北京市海淀区万寿路 173 信箱　　邮编 100036

开　　本：720×1000　　1/16　　印张：13.25　　字数：140 千字

版　　次：2012 年 9 月第 1 版

　　　　　2018 年 3 月第 2 版

印　　次：2025 年 8 月第 15 次印刷

定　　价：59.00 元

凡所购买电子工业出版社图书有缺损问题，请向购买书店调换。若书店售缺，请与本社发
行部联系，联系及邮购电话：(010) 88254888，88258888。

质量投诉请发邮件至 zlts@phei.com.cn，盗版侵权举报请发邮件至 dbqq@phei.com.cn。

本书咨询联系方式：(010) 88254199，sjb@phei.com.cn。

RDM 博士 老板：我不管 部门经理：倪搞定 项目经理：张风火 工程师：王小毛

漫话研发管理系列之 1 —— 评审三部曲

① 明天下午我们召开项目评审会，请你参加。

② 采购部长 我在瑞士，你找我们部门的小王吧。 瑞士

③ 采购主管 我在出差，你找我们部门小小王吧。

④ 小小们都到齐了 你怎么来了？ 小小王 我是来听会的。 领导叫我来的。

⑤ 评审材料大家都看了吗？ 没看，你讲一下吧。

⑥ 科普中……

⑦ 批斗中…… 这个不行 那个不行 不行

⑧ 这样的会议效率也太低了吧。

如何解决评审中抓壮丁、科普会、批斗会的问题？

RDM 博士点评

RDM 博士　　老板：我不管　　部门经理：倪搞定　　项目经理：张风火　　工程师：王小毛

漫话研发管理系列之 **2** ——— 救火还需纵火犯

客户A
① 你们的产品出问题了，十万火急！

② 小毛，这个产品是你开发的，现在出了问题，你要去现场解决。

③ OK，搞定！

B客户出问题了。
④ 也是王小毛开发的，还是他去搞定。

XX公司现场
⑤ 又解决了一个难题，真有成就感！哈~

⑥ 两次质量事故都是王小毛搞定的，这样的员工应该提拔

⑦ 我为什么这么快升官呢？就是因为救了两次火

看来命运真的掌握在自己的手里！

小张，为什么辞职？
⑧ 王小毛因为水平低不写文档才有救火机会……

为什么制造事端并平息事端的人得到提拔，一次把事情做好的人却待不下去？

RDM博士点评

RDM 博士　　老板:我不管　　部门经理:倪搞定　　项目经理:张风火　　工程师:王小毛

漫话研发管理系列之 **3** ——同学间的差距怎么这么大呢?

RDM 博士　　老板:我不管　　部门经理:倪搞定　　项目经理:张风火　　工程师:王小毛

漫话研发管理系列之 4 ——— 如果，如果……

RDM 博士　　老板:我不管　　部门经理:倪搞定　　项目经理:张风火　　工程师:王小毛

漫话研发管理系列之 **5** —— 都是项目奖惹的祸

RDM 博士　　老板：我不管　　部门经理：倪搞定　　项目经理：张风火　　工程师：王小毛

漫话研发管理系列之 6 ——— 一切尽不在掌握中

① 新闻联播

公司有人加"三聚氰胺"，我也不知道，但抓的是我呀！看来我不管不行！

……牛奶 三聚氰胺……

② 你们下属是否都加了"三聚氰胺"，你们知道吗？回去都给我搞清楚！

③ 老板今天疯了吧，怎么管得这么细？ 这么小事情都管，他会被累死的！

④ 你给我说说具体每个环节是怎么操作的？ 你管这么细干吗？这样我没有成就感，我搞定就行了。

⑤ 等待汇报中……

⑥ 听了一天的汇报，如果这样搞下去还不把我累死。

⑦ 老公，为了方便你出差，我给你办了一张信用卡！ 以后你的消费我了如指掌，嘻~

⑧ 嗯，通过信用卡，老婆可以轻而易举监控到我的所有消费细节，为什么我不用信息系统监控公司业务呢？

如何做到不管就像亲自管一样？

RDM 博士点评

RDM 博士　　老板:我不管　　部门经理:倪搞定　　项目经理:张风火　　工程师:王小毛

漫话研发管理系列之 **7** ———别蒙我

① 年终评定

② 我前11个月都很努力，最后一个月请了几天病假，为什么给我评这么低？

（近期行为偏向）

人力资源经理

③ 我们新员工为什么总是垫背的？

（未分级考核）

④ 今年并不是我差，为什么评我最差呢？

（轮流坐庄）

⑤ 研发为什么不量化考核导致这么多的投诉？

研发是创新工作，没法量化。

⑥ 别蒙我，我昨天听了一堂研发咨询的课，培训老师说别的公司都已经成功量化了。

我确实不知道如何量化！

⑦ 培训的课程很实用，你们这些研发主管也去听听。

⑧ "研发人员的考核与激励"

研发绩效管理到底是如何量化的呢？

RDM 博士点评

RDM 博士

老板:我不管

部门经理:倪搞定

项目经理:张风火

工程师:王小毛

漫话研发管理系列之 8 —— 会哭的孩子有奶吃

①
我这个项目十万火急,我就要老李,因为老李水平高。

行,给你吧。

②
看来会哭的孩子真是有奶吃,这下我轻松了。

③
老李,上午的会议纪要你负责整理一下,下班项目组的5S检查你负责。

④
我这么高水平的人,让我干这些杂事。

⑤
XXX重大项目速度情况
新员工小王、小李
新员工小赵
我们的项目延期很严重
项目经理王风火

⑥
这么重大的项目为什么一直延期?

6个月后……

我的人都是新人,要是老李在就好了。

⑦
老李在哪里?

在张风火那个项目中。

⑧
我认为重要的事情,怎么没有安排高水平的人做呢?

研发资源的分配谁说了算?

RDM 博士点评

RDM 博士　　老板：我不管　　部门经理：倪搞定　　项目经理：张风火　　工程师：王小毛

漫话研发管理系列之**9** ——— 浑水好摸鱼

① 小毛，明天把这个事情搞定！／明天我没空。

② 我明天没给你安排其他事情呀，你忙啥呀！／我在忙王风火的项目。

③ 小毛，明天把这个事情搞定！／明天我没空。／项目经理王风火

④ 我明天没有给你安排其他事情呀，你忙啥呀！／我在忙张风火的项目。

⑤ 小毛，你这两天把知识库整理一下。／我没空，两个风火项目把我忙死了。

⑥ 王小毛说，他在忙别的项目，需要再给我配一个人。

⑦ 他不是在干你们的项目吗？我没有安排别的事情呀！／？

⑧ 嘻！嘻！嘻！！！

研发人员的工作如何才能透明？

RDM 博士点评

RDM 博士　　老板：我不管　　部门经理：倪搞定　　项目经理：张风火　　工程师：王小毛

漫话研发管理系列之 10 ——— 小白兔钓鱼

① 团队加班开发A产品

② 我们辛辛苦苦开发的高科技产品……
包在我身上了。
销售经理

③ X总！这是我们新研发的高科技产品。

④ 这个产品技术很不错，但我不需要。

⑤ 我们不能再闭门造车了，必须先搞清客户的需求再开发……
那样子
这样子

⑥ 你们到底怎么搞的，客户还是不满意。

⑦ 我给你们讲一个小白兔钓鱼的故事，你们就明白了。
管理顾问老A
为何我们辛苦开发的产品客户不要？

⑧ 你再用胡萝卜当鱼饵，我拍死你！

如何搞清客户的真实需求？
RDM 博士点评

RDM 博士　　老板：我不管　　部门经理：倪搞定　　项目经理：张风火　　工程师：王小毛

漫话研发管理系列之**11**——情景化知识管理

① 这个任务简单，很快就能搞定！

② 这个低级错误我们3年前都已经犯过了，你小子怎么重复犯同样的错误。
老大，我是新来的，我不知道。

③ 赶紧把知识库整理一下，从而避免同样的错误。

④ 等找到前辈的九阳真经黄花菜都凉了，算了，自己想吧。
规范 流程 案例 要素 模板

⑤ 我们要上知识管理软件。
你们具体有什么需求？
IT部门经理

⑥ 员工接到任务时，系统能自动将相关知识信息展示给他……

⑦ 哦，你说的就是情景化知识管理，青铜器RDM已经全面实现了。

⑧ 只需要鼠标点一下，可以看到我需要的所有资料了。
青铜器RDM

怎么实现所见即所得？
RDM博士点评

RDM 博士　　老板：我不管　　部门经理：倪搞定　　项目经理：张风火　　工程师：王小毛

漫话研发管理系列之 12 ———— 该听谁的

①

今天必须搞定，明天要打样！

②

命苦呀！今天又要干到晚上10点了。

③

小毛，秘书请假了，你下午给我买一张高铁票。

④

画图重要，我应该专心画图……

⑤

钱更重要呀！

⑥

……

⑦

小毛呢？

去给老大买票去了。

⑧

唉，有责任无权力，名义项目经理，实际项目秘书！

如何解决多头领导的问题呢？

RDM 博士点评

序

研发的重要性还用说吗

不少文章和书籍都在讲从中国制造到中国创造，好像每家企业的老板都不知道创新、研发重要一样。

我认为，创新、研发重要这一点不用再多说了，稍微有点儿理想的老板应该都知道。你想想，有哪个老板不想公司每年都能出几个像 iPhone 一样让客户争相购买的优秀产品呀？所以关键是怎么做的问题。

我们知道研发需要投入，为什么一些老板不投呢？能当老板的人一定不傻，他不投一定有他的道理。谁都会投他认为值得投的，觉得值就会投，觉得不值就不投。

我虽然是个男人，但还是要在脸上抹些护肤品的。我认为一瓶护肤品的价格不能超过 30 元，否则就太贵了，我不会投入的。但我夫人认为每瓶护肤品200元不算贵，值得投入。我认为买辆车怎么也要30万元以上，但我夫人觉得坐公交车就挺好，花15万元买车就是浪费。这就是人们观念中关于投入是否值得的问题。

那么为什么有些老板觉得研发投入不值得呢？我们经过大量调查，发现有以下3个原因：

- 回报太慢
- 风险太大
- 产出/投入比低

第一个原因产生的根源是，这些老板仅仅是个老板，而不是企业家。具有远大理想，谋取长期利益的才叫企业家。根据我们的经验，改变老板的观念是很难的，即使他的父母都很难改变他，更不用说管理顾问和书籍了。即使有，也是小概率事件。

如果是出于第二、第三个原因，希望本书会对你有帮助。本书的书名为《研发绩效管理手册（第2版）》，为了讲清楚研发绩效管理，也简单介绍了研发业务管理的内容。所以本书既可以帮助读者降低研发风险，也可以让研发投入的人力、物力不至于白费。也许不少读者看了本书目录就直接看第6章了，看看工资、奖金怎么发才算研发投入没白花，因为研发费用中一半以上都是人力资源费用！但我还是建议你看完本书，因为最后一章是"第六个烧饼"，只吃一个是吃不饱的。

最后想说的是，本书是本手册，不是正规的学术书。也许"喜欢找碴儿的人"（研发人员喜欢追求完美）会发现本书中图少字多，看着累，语言不严谨，我们真诚欢迎你提出来，批评指正！我们真诚地希望本书对你能有所帮助！

虽然本书就像我们的产品——青铜器 RDM 一样，不完美，有瑕疵，但我们坚持追求进步，并习惯于在客户的骂声中和读者的挑剔中成长，从而实现我们的理想。我们很享受这个过程，这就是我们的人生！

曾学明

青铜器软件系统有限公司

目　录

第 1 章

研发绩效管理面临的问题

"研发人员真难管，不知道怎么考核！连说都不能说，稍微说重了就辞职了，不说又不行！原来我管工人，让他们干啥就干啥！"一名刚从制造部调到研发部的副总经理这样抱怨。

"研发人员怎么不汇报工作呀！工作完成了不汇报，没完成也不汇报。都不知道他们在做什么，一切尽不在掌握！以前那帮销售人员多主动呀！"一名刚从销售部调到研发部的副总经理这样感叹。

"工人按品质系数和工时系数来算收入，销售也按提成来计算收入，可研发不知道怎么考核、怎么算钱呀！不知道怎么把研发工作量化考核！"一名老板如是说。

……

没错！他们的疑问不是个案，是大多数科技型企业的实际状况。

我们接触了至少 5 000 家科研机构、高科技公司，发现几乎所有的机构都会问到研发绩效管理怎么做。

研发绩效管理是很多公司的人力资源经理和研发经理均感觉比较难处理的问题。公司建立了绩效管理体系，在销售、生产、采购、行政等业务领域均能够得到很好的执行，但是到研发之后就发现很难执行下去。我们调研了大量公司和研究机构，发现具体存在以下问题。

1.1 人力资源经理的纠结

人力资源经理在建设和推动整个公司的绩效管理体系的时候，在研发绩效管理业务环节经常碰到如下问题：

1）研发绩效管理流于形式，主管和员工均没有认真对待，每到年底的时候就成了填表的游戏。

2）研发的绩效指标难以量化，考核的结果对研发人员的说服力不够，年底研发人员对考核结果的投诉最多。

3）如果不搞比例限制，考核结果全是 A，拿公司的制度送人情；如果搞比例限制，研发经理经常让下属"轮流坐庄"，谁也不得罪，但我却被老板骂死了。

4）如何处理研发的里程碑和研发考核周期？究竟是按照里程碑考核，还是按照月度考核、季度考核和年度考核的方式？

5）我真的不知道怎么让研发经理发自内心地认可研发绩效管理，他们总觉得我给他们找了很多麻烦。

6）研发绩效管理每年要投入大量的时间，可是好像也看不到什么效果。

7）研发绩效管理容易引起研发人员的反感，起不到正向的激励作用，反而把公司想留的人考走了。

1.2　研发经理的痛苦

大量公司的研发经理向我们诉苦："研发绩效管理让我痛苦得连去死的心都有了。"主要问题集中表现在以下几个方面。

1）公司要搞研发绩效考核，但研发是一种创新型的工作，这怎么搞？

2）研发人员要求搞个量化的公式计算绩效和奖金，我想了一年都没弄出来。

3）研发人员不听话，固执、倔强，还觉得自己很有个性。我很难让他们信服考核结果。

4）研发人员喜欢创新，但是有很多创新属于盲目创新。我如何判断、评估、引导？

5）我还承担了大量的研发工作，在这个过程中，绩效管理浪费了我很多时间。

6）我不懂人力资源管理，不知道所谓的选、育、用、留的具体方法。

7）在对研发人员进行绩效管理的过程中容易产生冲突，稍有不慎，他们就到处投诉，老板会责怪我。

8）考核结果没有跟钱挂钩，我没法跟员工交代。

9）研发工作缺乏量化指标，我总觉得考核结果的说服力不够，与员工沟通考核结果时底气不足。

1.3 研发人员的烦恼

研发人员是公司学历最高的一群人，但很多研发人员个性比较内敛，不善于交流和沟通。自己也很想把工作干好，但是经常面对主管部门经理和项目经理的不同要求，也很苦恼：

1）我做得很辛苦，领导不了解，很委屈。曾经有研发人员说，最想听的歌就是《太委屈》，为什么呢？怀才不遇！"我这么好的千里马，怎么没有伯乐来发现呢？"

2）我同时承担了部门工作和多个项目的工作，但在考核中很多工作成果被漏掉了，白干了。

3）我们这里总是"轮流坐庄"，绩效考核和干好干坏没关系，流于形式。

4）新员工总是垫底的，每次考核都是最差的，没盼头，准备辞职了。

5）我最后一个月请假了，这一年都白干了，上半年辛苦得要死，领导全忘了。

6）领导总是给我安排一些不可能完成的任务，搞得我每次考核都差，命苦啊！

7）这个项目怎么做都不赚钱，没人愿意干，领导非要我干，结果项目奖金泡汤了。

8）没感觉到考核的结果跟我的工资和奖金有什么关系。

9）说实在话，我在这家公司工作了 5 年，从来没人告诉我怎么做才能涨工资。我真的很想涨工资，但我不知道该往哪儿努力，怎么努力。

10）我发现我干得多、错得多、被扣得多，最后算下来不干活的人比我拿得多。

11）我都忙得不得了，还拿鞭子在后面抽我，人力资源部光会想办法折腾我们研发人员。

12）能说会道且会表现的加薪升职，像我这种不擅长表达、只会埋头苦干的人总是吃亏，但是要让我去主动献媚，我宁愿去死。

1.4　研发绩效管理问题的根源

要探讨研发绩效管理问题的根源，我们先看看研发绩效管理到底管什么。不只谈研发，还要谈整个公司；不只谈绩效管理，还要谈激励机制。那么，一家公司的激励机制到底有什么目的？

我们认为，一家公司的激励机制，分解到每名员工，应该有以下几点：

- 公司想让这名员工创造什么价值
- 公司辅导、帮助这名员工，以创造公司期望的价值
- 公司评价这名员工是否创造了公司期望的价值
- 公司按照这名员工实际创造的价值给予回报

当然我们更希望通过这个过程，让人力资源增值。

脱离公司整体管理而讨论研发绩效管理是没有意义的。我们先进行公司管理层面的探讨。下面问大家两个问题。

第一个问题：假设没有经济危机，一家公司所处的经济环境每年都是一样的，员工也没有变化，每名员工每年的工作都是一样的，那么这家公司每年赚的钱是不是一样的？理论上应该是差不多的。我们在计划经济时代是不是这样做的？那时候你想知道5年后过得怎么样，找一个比你大5岁的人，看一看他现在过得怎么样就行了。

第二个问题：假设你在一家公司里连续工作了5年，每年的收入都是一样的，你感到很爽吗？不用说5年，我估计2年都不爽。员工期望每年的收入都有所增长，而且增长低了都不行，起码要比猪肉的

价格涨得快，至于赶不上房价的增长，那倒是可以理解的。如果你的收入比猪肉的价格涨得慢，说明你的实际生活质量在下降。

这两个问题直接导致了第三个问题：公司每年赚的钱是一样的，但每名员工的收入都要增长，每名员工的收入对老板来说都是人力资源成本，这个成本在不断增长，如此下去会出现什么情况呢？

最可能的情况就是公司倒闭破产。如 A 公司本来赚 1 000 万元，给员工发 600 万元，但几年后就要给员工发 1 100 万元，这叫入不敷出。这种公司投资方是不会投的，银行也不会给你贷款的，你就倒闭了。

当然，垄断行业的企业不会轻易倒闭，但会亏损，如果要继续经营，国家就必须从国库中补贴这个亏损。

如果垄断行业的公司，国家不补贴，还要继续经营，那就要开源或节流。但垄断行业通常不能节流，所以只能开源，如涨价等。

如果是竞争行业的公司（半垄断行业很特殊，我们这里不谈，道理一样），假定你是这家公司的老板，不希望公司倒闭，有什么办法呢？竞争行业通常不容易开源，那就只能节流——压缩成本。人力资源成本通常用什么办法可以压缩呢？有两个办法：一是降薪，二是裁员。

降薪有两个办法：一是全员降薪，二是高管降薪。（降薪很难操作，所以采取降薪策略的公司很少。）

很少有全员降薪的公司，因为全员降薪太难了，会产生很多问题，所以几乎没有公司选择它。为什么呢？一家公司里每个人的收入都不一样，车间里的工人收入低，他的收入只够勉强生活。本来收入就不高，一降低他就没有饭吃了，那就会形成强大的不稳定因素。这种动荡是公司和社会都承受不了的。

高管降薪应该很容易吧？其实高管降薪也很困难，这就是"由俭入奢易，由奢入俭难"。一个人没有享受过高质量的生活，会认为自己的生活还可以，可一旦享受过高质量的生活，就不愿再回到过去了。一般来说，工资是只能升不能降的，涨错了都降不回来（第6章还会再谈工资）。

降薪是很难操作的，怎么办呢？很多公司就开始裁员。裁谁呢？如果公司业务领域比较宽广，如有多条产品线，可以裁掉一条，不行就再裁掉一条，就像福特公司把捷豹、路虎、沃尔沃卖掉一样，这样还能换回一点现金流。但如果你的公司只有一个产品线，你又不想公司倒闭，怎么办？只好裁员。问题来了：裁哪些人？很多技术高手说："我技术水平这么高，不会裁我吧？"错了，首先裁掉的就是这类人。为什么？这类人的工资高，对公司而言就是高成本。一般经济危机下，公司首先裁掉的就是CEO，然后是CXO。

如果一家公司既想让员工涨工资，又不裁员，怎么办？那就必须保证公司赚取更多的利润（注意不是销售额），而且利润的增长速度要高于员工收入的增长速度，否则老板的收入是下降的，他一定不爽。一家公司怎么才能赚取更多的利润呢？那就必须为社会创造更多的价值。

举个例子。

假如你去商场买电视机，售货员推销说：

"你看的这台电视机不错。"

"这台电视机怎么没有屏幕呢？"

"电视机屏幕开发人员开发的时候出了一点问题，但是还有声音。"

"怎么只能听到男声，不能听到女声？"

"女声在编解码时出了一点技术问题，但开发人员没有功劳也有苦劳，开发男声也不容易呀，你能不能给我们付一部分钱？"

你会付吗？我想你一分钱都不会付。这说明什么呢？你在乎价值。

经常有人问我，产品开发流程的哪个部分最重要？我说都重要，因为任何一个部分有问题，客户都不会付一分钱。很多人说阴沟里翻船，我说翻船总在阴沟里，我们就是专门管理阴沟的，因为大沟不用管，一般不会翻。

如果我们处在竞争行业，怎么才能比别人卖出更多的东西？那就要有竞争力。怎么才能有竞争力呢？必须按照公司里每名员工给公司创造的价值来付报酬。有的公司设计分配体系的时候有一个原则，就是"多劳多得"。你们说这个原则对不对？也是对的，就看你怎么理解了。关键是看什么叫"劳"，"劳"不是工作量，而是价值。如果按照工作量的话，每家公司大门口的保安应该是收入最高的，他们会说："我每天累得跟驴一样在公司门口站 16 小时，我们总裁好像每天在公司待 1 小时就走了，我的收入应该是他的 16 倍。"

当然，公司不可能这么操作。这个"劳"指的是什么呢？就是指员工创造的价值，是功劳而不是苦劳。按照每名员工给公司创造的价值来付酬，他创造的价值不变则报酬不变，价值高报酬多，价值低报酬少。

假设某公司生产线的某名工人的岗位是上螺丝，上面一道工序把一个零件传过来，他就用电动螺丝刀一按，完成上螺丝的动作，然后到下一道工序。假设这名工人进入这家公司时是 20 岁，工资 2 000 元，这个岗位所需的技能 3 个月就可熟练掌握了。假定这名工人连续 20 年干这项工作，到 40 岁，他的收入会增长吗？按照上面讲的，不应该涨，因为他创造的价值是一样的。假定不涨工资，这名工人维持不了基本生活怎么办呢？那只好涨了。

涨了以后有什么后果？我们可以分析一下。这名工人 20 岁，一直工作到 40 岁，每年都涨工资的话，最后的工资应该不少。工人 40 岁了，他的工资从 2 000 元涨到 20 000 元。会有什么后果呢？

先说垄断行业，公司不会倒闭，但会出现其他问题，如同工不同酬。例如一名抄表员，在公司工作 20 年了，工资终于涨到了 10 万元。新进来一名技校生，比这名抄表员年轻，眼睛看得更清楚，但一个月只有 2 000 元。这能做到同工同酬吗？

竞争行业呢？这种情况不会出现，期间公司就会倒闭。为什么呢？你的老工人有 6 000 人，每人工资涨到 20 000 元。旁边有家刚成立的公司，招聘的工人都 20 岁出头，一个月工资才 2 000 元，最后谁做出来的产品便宜就不用说了。

上面讲的是工人，工人的工作简单，容易分解价值、评估价值。但研发就麻烦了。你怎么把公司的战略目标分解到每名研发人员身上呢？这是研发绩效管理困难的根源！一家公司要想把研发绩效管理做好，必须了解研发价值是如何产生的。这就是研发的业务管理！因为不了解研发业务，就无法逻辑分解研发人员的价值，就无法做研发绩效管理。

讲到这里，有的读者就会说："理解了！上面说的不就是只认功劳不认苦劳吗？我们公司现在就是这么做的呀！研发人员做的产品赚钱，收入就高，不赚钱，收入就低，怎么还有问题呢？"

这是对研发管理、研发价值贡献的曲解。

研发业务管理是复杂的，研究的人不多，参考资料也不多，不少管理者没有深入理解就盲目照搬，最后价值分解错误，曲解导致混乱。不少公司研发绩效管理的问题都是研发业务管理的问题，只不过这些问题在做研发绩效管理时体现出来了！

最后做个总结，因为研发业务管理复杂，管理者没有充分理解，导致了研发绩效管理的问题！这才是根源！

亲爱的读者，当你看到这里时，我们建议你不管多忙也要看完整本书！否则你只看了一部分，散乱的信息导致了你的曲解，然后你把错误的结论用于实践，可能会导致你把问题和错误制度化，在错误的路上走得更远！

第 2 章

把人力资源管理与研发业务相结合

要想做好研发绩效管理，必须先了解研发绩效管理对象的特点。对象有两个：人和事！也就是说，要把人力资源管理与研发业务相结合，这样才能与"中国特色"——研发特色相结合。

2.1 研发人员的特点

这一节我们讲"人"的特点，下一节我们专门探讨"事"。

我们调查过许多不同行业的公司，发现行业之间差异很大：有的行业产品开发周期还不到 7 天，如某些材料行业；有的行业产品开发周期要 10 年以上，如制药行业。但各行各业的研发人员还是有些共同特点的。

1）责任心强。这是由研发工作性质决定的。研发处在产品生命周期的前端，如果责任心不强导致产品有一个小小的缺陷，在接下来的环节中就会不断被放大，所以我们说研发是个"良心活"。不管什么性质的公司和科研机构，包括研究所、国企、央企、民企、外企、合资企业，研发人员一般都经常加班，而且没有加班费。

2）逻辑思维能力强。研发人员一般都是理工科出身，往往逻辑思维能力强，认死理，喜欢说"应该"。这个特点很重要，在绩效管理过程中，不要给研发人员讲清楚事情的来龙去脉，他们是不会真心执行的，所以不少研发主管会说"怪不得知识越多越反动，执行力太差了"。

3）独立贡献者较多。独立贡献者的特点是成就欲望强，影响力和亲和力比较弱，所以研发人员通常喜欢做有成就感的工作，不喜欢做所谓的"非核心模块、边角料"工作。

4）流动意向明显，不愿意表达自己的真实想法。深圳、北京、上海几个大城市科技园搞得比较早，科技园有很多好处，但是也给企业管理带来一些困难，如可能与竞争对手同在一个院子里办公，再如，好不容易把研发人员培养了三年，也成了骨干，有一天他接到电话：

"你好，请问是阿杰吗？你们对面有一家公司，希望你能过去上班。"这个电话是猎头公司打的。（一般研发人员第一次接到这种电话会特别兴奋，晚上躺在床上久久难以入睡，"我被猎了"！）

"什么公司？"

"现在不方便告诉你公司的名字。"

"这公司是做什么产品的？"

"他们做的产品跟你们类似。"

"那我过去干啥？"

"你过去之后跟原来的职位是一样的，工作也都一样，唯一的不同是工资提高 50%，你要不要考虑一下？"

根据我们的经验，一个人的薪酬待遇提高 30%，他心里会荡漾一下；提高 50%，就会激烈荡漾；提高 5 倍，大部分人会直接被"砸晕"！

很多公司在员工离职的时候都会安排一次正式谈话，因为他们认为员工在公司里不敢说真话，怕被领导"穿小鞋"，但是要离职了就无所谓，所以要赶快把他们最后说的这些真话记下来，有利于公司改进。但根据我们的观察，很多研发人员离职时也是不说真话的。不少研发主管说研发人员突然就离职了，这是他们观察不细致导致的，因为研发人员离职前一般都有征兆。这也是研发人员与销售人员的不同之处，销售人员天天拍着桌子说："这个地方根本不是人待的地方，老子真的要走了。此处不留爷，自有留爷处。"这种人一般不会走的，这样做一般都是要跟老板谈判、争取利益的。而研发人员说走就走了，覆水难收，而且通常下家都找好了。你问他：

"阿杰，你干得好好的，怎么突然要走了？"

"其实我们公司还是相当不错的。"

公司不错你为什么走？这是反话。

"那你为什么走呢？是跟同事关系不好吗？"

"跟同事关系也很好，我们经常一起出去吃烤串、喝啤酒，挺好的。你给我分配的工作我觉得很有成就感，也挺好的。"

"那你干吗要走呢？"

"我丈母娘不让我在这儿干，我也没有办法。"

他一定找一个你非批准不可的理由，因为他下一家公司都找好了。领导一听丈母娘不让干了，那也不能把他丈母娘撤掉呀，所以也留不住他，就继续问：

"你离开我们公司有什么打算呢？"这其实就是想问，你是不是去敌人那里上班了。

"先休息一段时间，前一段时间加班挺累，把身体都搞坏了，先调养一下。"

很多人都这么说，这一般都不是真实的想法。一般来说。"70 后""80 后"的研发人员通常都会找好下家才会提出离职，以求保险，所以通常很多公司要求员工离职要提前一个月申请，然后交接工作，但很多研发人员提出离职申请后都特别着急，恨不得第二天就不来上班，那是因为下面那个单位通知他马上上班了。当然，现在"85 后""90 后"的新一代很有个性，也有没找好下份工作就离职的。有次我到一家公司，看到一个年轻的开发人员正办离职手续，就问他离职原因，他说：

"他骂我！"

"谁骂你？"

"领导骂我！"

"领导骂你，你就离职吗？"

"是啊！人不能没有自尊呀！你看他们几个也在办离职手续呢！"

我一看，旁边几个小伙子正在那儿蹲着聊天呢！我就过去问那几个小伙子为什么离职，他们同时把脸扭过来，没有任何表情地对我说了两个字："不爽！"

怪不得该公司研发总监对我说："都不爽，都离职了，没人干活了，快过来给他们讲讲职业素养！"

5）好奇心强。这是研发人员跟工人的第一个不同。例如，工厂买了台投影仪，给工人进行培训，投影仪按一下就开了，按两下就关了，之后过十分钟再拔插头。你给工人培训之后，他回去就开始干活儿，不会问为什么。研发人员会不停地问，他不问就觉得不爽，回去也不会好好干，就像某个小品中的蔡明一样："这是为什么呢？"

我的一个高中同学是医生，他说最讨厌给知识分子看病。给工人、农民看病最好看，让他吃什么药他就吃什么药。来一个研发人员，给他开药之后，他会说："为啥这个药能治这个病呢？"

"我也不知道，李时珍说的。用这些草一熬，然后一喝就好了，我哪知道发生什么化学反应了呀！"

我也是搞技术出身的，我学车的时候就问教练：

"车怎么才能开走？"

"左脚把离合踩下去，然后挂一挡。"

"为什么踩了离合才能挂一挡？"

"我也不知道为什么，反正就这么做的，你别问那么多行不行？

反正我也不知道为啥，把车开走就行了。"

所以，凡是与研发人员有关的工作，包括绩效管理，一定要解决他们的"为什么"，否则他们回去肯定不干。相信本书的读者不少是搞技术出身的研发主管，如果本书只讲要怎么做，而没有花大量篇幅解释原因来解决你"为什么"的疑问，请问你会在你的工作中真心实施本书的内容吗？所以研发人员非常关注"知其所以然"。

6）工作过程难以衡量。这是研发人员跟工人的第二个不同。工人的工作容易量化，研发人员的工作也可以量化，但是很难量化，如果做得不好，成本极高而数据不准，得不偿失。如何量化，在后面介绍 KPI 时会详细描述。

7）绩效差距巨大。这是研发人员跟工人的第三个不同。一名优秀的工人和一名水平低的工人给公司创造的绩效和价值差别不大。例如，这名工人今天很勤奋，多加班 2 小时，多生产 10 个零件，次品率低，给公司多创造了 5 000 元的价值，但是再往上估计可能性就不大了。研发人员一个良好的设计能不能给公司多赚 5 000 万元呢？这是可能的。但是大家不要忘了，–5 000 万元也是可能的。绩效差别比较大，这也决定了我们在同样的研发薪酬总成本的情况下，把研发人员之间的收入差距拉大是合理的，是真正基于价值贡献的分配而不是基于工作量的分配，激励效果是比较好的。

8）不善于沟通。一般我们对公司员工做调查就会发现，研发部性格内向的人比例最高，销售部正好相反，所以这个特点也是研发人员与销售人员的不同点。研发工作通常要加班，比较累，所以通常研发部男多女少，而研发人员生活又相对封闭，所以产生了不少"宅男"。不少研发人员在网上聊天洋洋洒洒，谁知见人说话就脸红。

研发人员往往智商高、情商低，他们总认为自己有内涵、有个性，殊不知即使你内心像圣人一样高尚，因为沟通能力差，对方也可能认为你是个流氓。不少研发主管也是技术出身，所以沟通能力也不强，这导致其在跟下属进行绩效反馈时无比痛苦，甚至逃避。这一点如何应对，本书后面章节会给大家讲绩效反馈的"九阳真经"。

9）追求完美。不少研发人员追求完美，这是技术工作的要求。但是在管理和面对社会的时候，这是不合适的，甚至是可怕的。

我们到不少企业做辅导，总碰到技术出身的研发主管，问怎么设计一个完美的研发绩效管理体系，怎么打造一个完美的研发团队，这都是追求完美惹的祸！有人说，我们从小不就是被教育追求完美吗？追求完美有错吗？这是我们教育的误区，追求完美没有错，但管理不知道对错，只看效果！我们宁可公司每个人都错了，但公司持续繁荣；也不要公司每个人都是对的，但公司倒闭了。估计有读者会问，公司每个人都是对的，公司怎么能倒闭呢？公司每个人都是错的，公司怎么能繁荣呢？你看，又在逻辑推理了。所以我在这里再提醒读者，放下你的逻辑推理，尊重现实吧！

你们有谁是从小到大考试每次都考满分的？我还没碰到过。每次满分才是完美？拥有幸福生活才是完美，但大部分人都生活不幸福，难道都去死吗？还不得活着，去追求幸福！

完美就是"宁为玉碎，不为瓦全"，如果非要完美，最后玉全碎了，瓦片也没了！所以管理工作应该要树立目标，追求进步！我上大学就喜欢听张学友的那首歌《每天爱你多一些》，多么务实的做法呀！

没有一家公司可以设计出完美的研发绩效管理体系，只能追求进步！若你将本书的内容用于公司管理，就会发现还是有问题的，这是正常的，只要有进步就可以了！同时我们不要忽略研发人员追求完美的这个特点，在研发绩效管理的过程中要跟研发人员进行沟通，否则理论上的好体系，执行中就变味了！

2.2 研发业务的特点

下面我们来谈谈研发绩效管理对象——事：研发业务的特点。一般人认为，行业不同导致了研发业务特点不同。但我们经过大量的研究，发现这跟行业没有关系，导致研发业务不同的关键因素是组织结构、公司规模、客户和公司的价值观。

2.2.1 组织结构

同一个行业，不同性质的机构（央企、国企、军工企业、外企、合资企业、民企等），研发业务差异就很大，这是这个组织的历史导致的。

具体差异是什么呢？

我们先看看央企、国企、军工企业的情况。央企、国企、军工企业一般都从计划经济走过来，所以基本上都采用职能型组织结构（关于组织结构这里不做过多介绍，想详细了解的读者可以阅读其他相关书籍）。这些组织研发绩效管理搞不好，不是绩效管理的问题，而是组织结构不合理，不从根本上调整组织结构，绩效管理永远做不好。当然有领导说："我们组织结构都调整了，怎么还是做不好呢？"根据我们的经验，大部分组织领导说调整组织结构，实际上只是调整了组织结构图，新的组织根本就没有按领导的思路运作！脱离组织结构谈绩效管理是没有意义的。

外企一般是矩阵型组织，矩阵型组织管理难度比职能型组织复杂得多，但一般外企驻中国机构的研发绩效管理却比较容易。其主要原因是：一般外企在中国的研发不是真正的端到端研发（研发前端附加值最高、难度最大，但一般中国机构做的都是中后端）；另外，研发管理体系照搬国外总部，中国机构没什么权力更改，不满意的人都走了，留下的是些还比较满意的人，所以还在的人觉得这里的研发绩效管理还可以！

也有纯粹外资的企业，但实际上其运作机制是中国公司，那就要看管理层的背景了。管理层来自哪种性质的组织，那这家公司一般就是什么组织结构。

不过也有一种有意思的状况，那就是有的新成立的公司，CEO有外企背景，但员工都是从国企和其他民企过来的。这好比一个正规军的团长招了一帮土匪，看起来穿了正规军的军装，但实际打仗时还是土匪模式！我们也去过不少这样的公司，经常是公司办公环境一看就是外企（高档写字楼、办公室的布局、每个员工都叫英文名字、连卫生间都能看出外企风格），但研发人员不写文档、工作随意，项目经理想怎么干就怎么干，这是典型的"土匪式开发"。研发人员可称作"穿着军装的土匪"。

合资企业情况复杂一些，一般以外方为主的公司会照搬国外的研发管理模式（包括研发绩效管理），这就跟外企一样！如果是以中方为主的，那就麻烦了，大部分有研发的合资企业一般都有国企背景，所以也是职能型组织。

民企百花齐放，是花样最多的。国企转制或老板来自国企的，一般都是职能型组织。市场经济下的优胜者很多是项目型组织。这都比较简单，研发绩效管理好操作！但不少爱学习的老板在激烈的竞争中也采用矩阵型组织，这就给研发绩效管理带来难度了。在我们去过的民企中，大部分是形似而神不似的矩阵型组织，这是最痛苦的。就好比买了做西餐的厨具，但厨师还是按过去做中餐的习惯和方法来做，效果还不如原来的！老板还误以为组织结构调整完了！

2.2.2　公司规模

一个组织在不同的发展阶段（如研发人员从 10 人扩大到 1 000人），研发管理模式也不同，这一点不难理解。小公司一般都是"土匪式管理"（某些公司为了听起来顺耳，叫"游击队"），组织变大就要变成"正规军"，因此管理模式包括研发绩效管理也不同，否则不匹配。

不少公司在管理的学习上常犯这样的错误，即经常学习优秀公司的做法，甚至照搬优秀公司的做法。学习没有错，甚至照搬都没有错（照搬估计有人又不理解了，这里不解释了，可以自己去网上查询），但一定要注意不是学习优秀公司现在的做法，而是要学习该公司当初处于你这个阶段时的做法。

2.2.3 客户

研发业务不同的根本原因是客户导致的！实际上，以上两点（组织结构和公司规模）从本质上也可以理解为是客户导致的。

首先，这里我们把客户做个定义：付钱的就是客户！客户跟用户是不同的：客户是付钱的，用户是使用产品的。

B2C 行业这点好理解，客户和用户都是一个人，而且就是一个人，不是一群人！例如，我想用苹果手机，我就去苹果专卖店买一部，我完全可以决定是否买这部手机，也不用征求我夫人的意见，所以我既是苹果公司的用户，也是客户！如果我去苹果代理商那里买这部手机，就稍微复杂一些，这样代理商就成了苹果公司的客户，而我是用户，也是苹果公司客户的客户！如果我买 2 000 元以上的东西都要征求我夫人的意见，就麻烦了，这形成了客户决策链，我和我夫人都有可能影响这部手机的成交。

B2B 行业就很麻烦，通常客户和用户不是一个人。用户是使用产品的人，好理解。客户就是一个复杂的决策链，通常会涉及很多人。例如，一家汽车公司要卖出一辆家庭用轿车，客户是代理商，买车的是男人（也是用户），他的妻子参与意见，就像上面讲的手机一样。假设这家汽车公司要把 1 000 辆车卖给某军队，那开车的人——用户与车能否卖出去几乎没有任何关系,最终能否成交取决于该军队的采购流程,有可能涉及几十人! 一般公司要把产品卖出去,对于客户和用户的需求都要考虑,这涉及需求工程,这里不赘述。

付钱的就是客户,或者可以说影响付钱的人都是客户! 解释了什么叫客户,你就可以分析一下你公司的客户是谁。如果你公司属于垄断行业,客户不是购买你公司产品的人,因为你完全不用考虑他们的感受,他不买也得买,否则没地方买,因此垄断行业只有一个客户,那就是老板,因为工资都是老板发的! 如果是竞争行业,就有两个客户:一个是老板,另一个是购买产品的人。市场管理中有个重要的要素就是进行客户群细分,要弄清楚要赚谁的钱。所以在一家公司的价值链中,市场管理没做好,研发就是一团糟! 研发管理越正规,设计、更改成本越高。顺便说一句,市面上大部分营销的书籍都是 B2C 的,所以 B2B 的公司要消化、理解后吸收。

组织结构的设计就是基于客户的。垄断行业职能型组织最合适,竞争行业矩阵型组织最合适,两条线分别对两个客户负责。老板这个客户所有公司都有,所以决定研发业务不同的是购买你公司产品的客户。

购买你公司产品的客户有两种情况:一是数量有限的几个大客户,二是数量众多的小客户。这两种情况将导致研发业务的特点不同。在市场驱动这个大前提下,某个客户对公司利益的影响程度决定了公司的需求管理模式,从而决定了公司的研发业务模式。只有几个数量有限的大客户,公司就要小心维护;而有数量众多的小客户,公司就可以强势,当然这决定着公司的需求管理水平。

公司的市场需求管理水平一般可以分为五个等级。给大家举一个例子，你可以对比一下你公司处于哪个等级。

我们到一家高科技公司去交流，这家公司的研发总监马先生跟我们说，有一天他们同学聚会，同学问他：

"老马，最近在哪里混？"

"我在一家出租车公司工作。"

"什么意思？"

"市场需求经常发生变化，一招手就要停，这就是出租车。产品开发刚进行两周，客户打电话说需求发生变化了，需要更改。改完后又开发，开发两天又打电话说要更改。"

老马所在的公司就是第一种公司，即"出租车"——招手即停。

第二种公司水平稍微高一点，即"公交车"。例如，公司规定，只在产品开发的5个技术评审点更改产品的需求。那么，该"公交车"只有5站，只在这5个地方停车，在别的地方不停车。

第三种公司是"长途大巴"。例如，从北京到青岛全程高速公路，途中乘客只能上个洗手间、活动一下筋骨，中间不能停车，因为国家有规定。

第四种公司是"动车"。高速运行，到站停车，并严格控制发车、停车和到站时间。你敢招手叫停？不但不搭理你，而且只怕你会被撞哦！守时、快速、高效，是这类公司的特点。

第五种是水平最高的公司——"飞机"。什么时候起飞，公司说了算；什么时候降落，也是公司说了算。客户有意见可以提，但公司不一定采纳。微软公司是"飞机",在全球卖光盘,客户有意见,理都不理。苹果公司是"飞机",iPhone4 天线有问题,你爱买不买。不同的公司导致了员工间的差距。

你不妨看看你公司属于哪种状况,很多企业从小变大的过程就是从出租车起步,变成公交车、长途大巴、动车、飞机。

有些项目经理说:"我发现我们比出租车司机还惨,客户上了出租车说去火车站,我就赶紧往火车站开;中途客户接到一个电话,又说去飞机场,我就调头去飞机场。同样的情况,出租车司机能拿到钱,而我们是拿不到一分钱的。"

2.2.4 公司的价值观

以上三点还不是最根本的,最根本的是公司管理层对这三点的态度,这取决于公司的价值观。

例如,垄断行业的公司完全可以对购买产品的客户强势,不说服务如何,甚至可以对客户提要求!但一些领导认为客户是上帝,应该服务好,于是也这么做了。本来可以做"飞机",但居然也为招手的客户停车了,变成"出租车"了。这让这些客户很欣慰,感到温暖,甚至惊喜!

竞争行业的大部分公司在客户面前比较弱势,要把握长期利益和短期利益的平衡,这是由公司的价值观决定的。投资研发就是投资长期利益!还有一些竞争行业的公司本来是应该关注长期利益的,但由于公司管理制度的问题,如总经理有任期 3 年的限制,那么这名总经理可能只关心公司 3 年的利益,他就会只摘果子而不种树!

所以，我们后面讲的内容是对公司长期利益有用的。如果你是一家公司的老板，只想谋取短期利益，那把研发部砍掉算了，这样公司在2年内的利润一定增加不少。但如果公司因为这样那样的原因又不能砍掉研发部，那么研发总监就倒霉了！因为研发总监的顶头上司——公司老板并不真心想把研发管好，只是嘴上说想管好，装样子罢了。所以，研发总监怎么做都是做不好的！

因此，研发业务的特点主要取决于你公司目前的状况：

- 处于从出租车到飞机的哪个阶段？
- 想把公司搞成什么样？
- 是维持现状还是升级？
- 表面上想升级，其实是想维持现状吗？

对于以上问题，公司老板、人力资源总监、研发总监必须达成共识，也就是说，一定要先统一思想，否则研发绩效管理是做不好的，因为这3个人的标准都不一样。

基于上述内容，明确公司的组织结构、公司规模、客户和公司的价值观之后，我们再看看研发业务的构成。

2.3 系统性研发管理体系

研发绩效管理是一个系统性的工作，最终绩效考核的结果只是系统性成果的一个体现。没有一个系统性的架构，是很难产生一个优秀的结果的，所以我们不能脱离研发的业务来讨论绩效管理，那就好比只吃第六个烧饼。

根据我们为几千家高科技公司培训咨询的经验，我们总结出一个企业的核心价值链，研发绩效管理要基于这个企业的核心价值链来展开，这样才能牵引整个公司的发展，如图 2.1 所示。

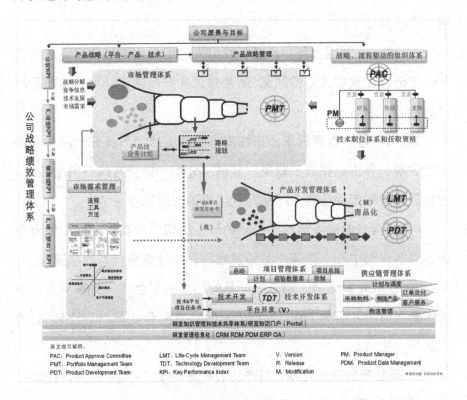

图 2.1　企业的核心价值链

企业核心价值链的几个关键组成部分如下。

1）产品战略规划。公司的发展首先要确定好愿景、使命和价值观，为了支撑公司未来的发展愿景，需要制定公司的产品战略规划。

2）市场管理流程。市场管理流程从源头决定公司做正确的事，一个企业的产品研发方向不能出错，一旦方向出错，后面水平再高也没有用。

3）产品开发流程。有了很好的产品方向，能不能保证把产品开发出来？不一定，所以需要一套产品开发流程来保证公司把事情做正确。

4）供应链管理流程。产品开发出来之后如何能够快速完成交付是供应链管理流程关心的问题，非常强调在产品的设计中构建产品的供应链。

5）市场需求管理流程。市场需求管理工作要解决好产品市场需求的收集、分析、整理、归类、分解、分配、验证与执行的全流程，市场需求管理流程是整个产品开发流程的支撑流程。

6）流程型的研发组织。公司的研发组织设计要体现以市场为导向，以客户为中心，强调产品经理或项目经理贯穿产品的全流程。

7）技术开发体系。制定完产品的路标规划之后，有很多前沿的技术要提前展开研究工作，形成公司的公共技术模块，以备将来其他产品开发使用。

8）研发项目管理体系。新产品的研发要基于产品开发流程体系，采用项目管理的方法来进行管理，从项目启动、计划制订、执行、监控，到项目收尾贯穿全流程，同时把项目的质量管理、风险管理、沟通管理、财务与成本管理贯穿其中。

9）研发绩效管理体系。一个企业价值创造、价值评价和价值分配的环节一定要非常清晰，谁创造了价值，要给他合理的回报，这是绩效管理关注的问题。

10）IT固化。整个研发体系建立起来之后，最后一定要进行IT固化。IT固化包括公司的OA、ERP、CRM、RDM系统的实施。

以上体系比较庞大，是公司老板需要考虑的问题。研发管理者和人力资源部门的主管，重点考虑产品开发流程、研发项目管理体系、研发绩效管理体系、研发信息化（IT固化）四个方面即可，如图2.2所示。

图2.2 系统性研发管理体系

2.4 系统性研发管理体系各要素的关系

2.4.1 产品开发流程

公司的产品开发流程类似一个城市的高速公路网，从客户的需求产生到产品开发成功并上市营销的全过程,要通过一套流程体系把各种角色和活动贯穿起来,并且流程的设计一定要按照角色来设计,这样公司的组织结构不管怎么变化,都不会影响流程的执行。流程可按照阶段、步骤、任务与活动的方式来设计,如图2.3所示。

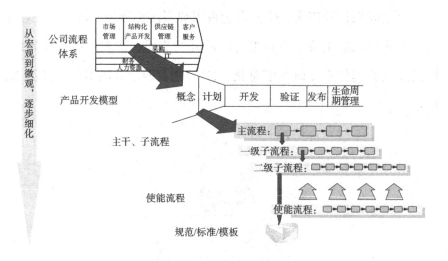

图2.3　产品开发流程体系

不管什么行业,产品开发流程大概都分为以下6个阶段:

- 概念阶段

- 计划阶段

- 开发阶段

- 验证阶段

- 发布阶段

- 生命周期管理阶段

产品开发流程示例如图 2.4 所示。

阶段 业务领域	概念	计划	开发	验证	发布
产品决策委员会 （公司高层）	下达产品开发项目任务书　组建项目团队　概念决策	计划决策	试产决策	量产决策	
项目经理	制订项目里程碑计划　制订概念阶段详细计划	提供方案决策材料　制订总体设计阶段详细计划　制订后续所有阶段的详细计划	提供试销决策材料　监控和管理项目	提供量产决策材料　评估目标成本达成情况　项目总结	项目解散
财务	初步财务评估	优化财务评估	研发费用使用监控	评估目标成本达成情况	
质量	需求评审	制定产品质量目标与计划　方案评审	监控产品质量目标和计划	样品评审　转产评审	
研发 系统工程 硬件开发 软件开发 工业造型 结构开发 测试	技术可行性与知识产权分析　整合产品需求　ID初步设计　提出可测试性需求	定义产品设计需求　总体方案设计与规格定义　各领域概要设计　ID设计确定　制订测试计划	需求跟踪与变更管理　硬件设计与开发　软件设计与开发　结构设计与开发　测试设计与开发　系统联调　系统测试	产品认证　小批量产技术支持	
采购	新供应商认证	制订研发物料采购计划　研发物料风险采购	研发物料采购　小批量物料采购	量产物料采购	
制造 工艺制 试制 物料	提出可制造性需求	工艺总体方案设计　制订试制计划	设计制造工艺　制订试制方案　小批量试产准备	小批量试产与验证	切换到量产
客服	提出可服务性需求	制订服务计划	客户服务支持准备	客户服务与问题反馈	
市场	收集市场需求	跟踪市场需求　制订市场计划	制订产品发布计划	客户体验测试　产品发布准备	产品发布　开始销售

图 2.4　产品开发流程示例

1. 概念阶段

概念阶段从商业层面确定产品开发的策略。产品开发不仅是技术开发，产品的制造策略、测试策略、知识产权策略、受控销售策略都是要考虑的，就看你公司所处的行业。

举一个例子，产品还没有上市，甚至样机刚出来，就有客户要买了，这个时候就很麻烦，你到底卖还是不卖？

如果卖，产品质量不能保证。有的公司说质量是我们的生命，看来公司的生命就不能保证了。

如果不卖，竞争对手就会卖，最后跟客户成交了。这时你再想把这个客户抢回来就非常困难了。

这种情况怎么办呢？我也不知道怎么办。但有一点可以肯定，你不能此时再想怎么办，已经晚了。在开始立项前就要想好，将来在哪个阶段客户要买怎么办，这就是新产品的受控销售策略。

在技术层面，这个阶段要确定产品需求。市场管理流程确定市场需求（客户需求加用户需求就是市场需求），市场需求加老板需求（如标准、法律、法规、可靠性、可制造性、可服务性、可测试性、可安装性等）就等于产品需求。

2. 计划阶段

计划阶段就是把策略变成计划，即考虑规格和方案并建立基线。概念阶段和计划阶段是最重要的。这两个阶段是做正确的事，后面四个阶段是把事做正确，所以前面两个阶段需要高水平的人投入更多的时间和精力。

3. 开发阶段

开发阶段是研发人员最熟悉的，也是投入资源最多的阶段。

4. 验证阶段

验证并不是测试，验证要拿到客户那里去做。验证完了才是发布。

5. 发布阶段

有的行业发布费用很高，如请明星做代言。

6. 生命周期管理阶段

在生命周期管理阶段，要考虑 3 个方面：停止销售、停止制造、停止服务。

这是端到端的流程，这就是产品开发。如果做产品开发，项目经理就应该从头负责到尾，而不是到样机就不管了，所以项目团队应该端到端负责。

7. 评审

评审流程示例如图 2.5 所示。

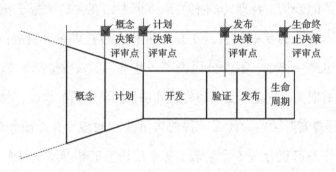

图 2.5　评审流程示例

这 6 个阶段中间有评审，如第一个评审点叫概念决策评审点，不少公司从这里开始进行项目管理，我们觉得有点晚了。为什么？好比小孩已经生下来了，但只有一条腿，把他培养成才的难度不是很大吗？所以怀孕期间（概念阶段）也要做正规的过程管理。

举个例子，人们平常什么时候去医院？病了。其实是这时的病你有感觉了，因为有很多病初期你不知道。我们感觉有病后，到医院一检查，可能结果就是癌症晚期。

英语"看病"怎么翻译？see the doctor，直译是看医生。我说美国人没病看什么医生呀，后来才知道这才是最牛的。没病就看医生，所以以后就不会有病了。而我们平常不看医生，感觉病了才去医院，一看就是晚期，连治疗的机会都没有。

我们想早期发现病灶，找个治疗的机会怎么办呢？

体检。

评审就好比体检，很多公司有评审，也有的公司评审的目的是提前把关。我特别讨厌"把关"这个词，为什么呢？因为我有非常不愉快的被把关的经历。我理解的把关是一个人站在关口拿棍子把着，从这儿过的不合格的就打回去，于是经常有人被打得鼻青脸肿的。

评审也是一样的，不少公司设了一些部门，如质量部或总工办做所谓的提前把关，这很不受项目经理和项目团队成员的欢迎：他们为什么把我打得鼻青脸肿？为什么不提前告诉我到底该干什么事情呢？

产品开发流程分成6个阶段，每个阶段有若干步骤，每个步骤有若干任务，每个任务有若干活动，这一个又一个活动构成产品开发流程。所以为什么不把这些活动都按照规定做好？这些活动做好，这些评审不就成走形式了吗？

所以我们说："要想评审不走形式，就把评审会变成形式！"

很多公司把产品开发流程搞出来也不执行，特别是研发人员不想做，表现出来是有流程文件但不执行。为什么呢？这需要被强制！

所以凡是公司形成流程和规定的就是要强制执行的。

要明确：做不做是态度问题，做得好不好是能力问题。

为什么需要强制呢？流程里的活动是前人的经验教训，根据我们的经验：大部分人对前人的教训是熟视无睹的！

假设老王的老家在北京，过年计划开车回家，从深圳出发，走京港澳高速到北京。老王开车上了京港澳高速，就在深圳关高速入口处撞车了，右腿没有了。

老王纳闷："这个深圳关怎么这么容易撞腿，而且特别容易撞右腿。"但是他这辈子没有机会再开车了，因为他的右腿已经没有了，所以他把希望寄托在儿子身上。

老王把儿子叫过来说："儿子，深圳关这个地方特别容易撞右腿，你一定要注意。"他会听老王的吗？他才不听老王的！

但是老王也可以想办法让他听自己的，怎么办呢？例如，在老王弥留之际打电话给儿子：

"儿子，你在哪里？"

"在外地。"

"我估计我活不过今天晚上了，但是有个重要的事要跟你交代，电话里说不清楚，你必须赶回来，面对面跟你说。"

于是他儿子飞快地赶回家，他以为老王告诉他存折在哪里！然后他说：

"爹，你有什么重要的快告诉我呀！"

"儿子，你终于回来了，太好了，我告诉你深圳关那个地方特别容易撞右腿，你一定要注意！"

这个时候儿子才会听老王的。同样的一句话、同样的一个人，说的时间不一样、环境不一样，效果就是不一样的。

然后儿子跟老王说："爹，你放心去吧，我一定记住深圳关这个地方特别容易撞右腿。"

老王放心地走了。

第二年，老王的儿子也开车回家，经过深圳关时，他小心了，就没撞腿。但到长沙时，他撞车了，右腿没有了。他就想："我爹没来过这里，时代在进步、在变化，真正容易撞腿的是长沙。"

老王的儿子因为右腿没有了，所以也没法再开车了，只好把老王的孙子，也就是他儿子叫过来，也是在弥留之际跟他说："你爷爷错了，你爹我是对的，其实容易撞右腿的是长沙这个地方，记住了没有？"

老王的孙子说："记住了。"

后来老王的孙子就开车回家，经过深圳关没事，到长沙也没事，但到郑州把右腿撞没了……

通过这个故事，我想说的是什么呢？老王的儿子里面、老王的孙子（后代）里面，有没有可能在当年老王撞腿的深圳关撞腿呢？

完全有可能！

因为他不知道前人有过什么经验教训，即使知道也不在乎，所以说富不过三代！根本就不用三代，两代就会熟视无睹。

综上所述，前人经验教训形成的流程、规范和制度一定要强制执行！

8. 开发指南

这个活动具体怎么操作？例如，开职工会议是一个活动，开职工会议怎么操作呢？我发现可能张三会开 5 分钟，李四会开 2 小时，你说谁开得好、谁开得不好？张三说 5 分钟已经够了，李四说 2 小时还没过瘾，你又没说到底开多久！同样是开职工会议这个活动，每个人的理解会不一样。

评审怎么操作呢？要有操作指导书。

有人问："部门经理要不要参加技术评审会？"

我说："你说女人要不要参加技术评审会呢？"

他又反问我："女人跟技术评审会有什么关系呢？"

我就反问他："你说部门经理跟评审会又有什么关系呢？"

部门经理跟技术评审会一点关系都没有，部门经理不仅跟技术评审会没关系，跟我们产品开发都没关系，跟我们产品开发中任何一个活动都没关系，因为他是养兵练兵的，根本不是带兵打仗的。

部门经理为什么会参加技术评审会呢？因为他碰巧是技术专家，他是以技术专家的角色参加的。有的部门经理根本不懂技术，参加技术评审会干什么呢？

所以，流程中要有角色分工。

还有评审最后能不能通过谁说了算等，这些都需要操作指导书来说明，否则会导致每个评审过程都不一样。

要不要制作一个需求列表？不少公司的评审就是几个人开会对需求做评审，最后发现环保需求漏掉了。为什么不做个需求列表呢？所有的产品需求评审全部打钩，环保需求、可服务需求、可安装性、可达性、可靠性等都罗列出来，每项评审要素建立 ABC 类基线，这样就不会漏掉了。

活动说明、操作指导书、活动清单、模板、表单等统称开发指南。

这个开发指南是谁搞出来的？

我们先来看看扁鹊的故事。

大家都知道扁鹊是个神医。

有一次扁鹊的领导跟他沟通，领导问他："三啊"，为什么叫他"三"呢？因为他在家里排行老三。

"听说你大哥、二哥都是医生，你们三个谁的医术最高？"

"大哥医术最高，二哥次之，其实我医术是最臭的。"

"那你大哥、二哥不怎么出名，我们都知道你是神医。"

"因为我大哥医术太高了，他一般在病人病情没发作之前就把病治好了，所以我大哥医术最高，但只有我家里人知道。我二哥水平要差一点，在病情初起之时把病治好了，所以只有我们村里人知道。我不行，50公里以外有个人快要死了把我叫过去，我一看真的快死了，怎么办？搞工程呀！接骨头、放血，场面搞得无比宏大，其实治死了好多人，但有一次把一个人救活了，他们说我能起死回生，于是我就成了天下闻名的神医了。"

为什么讲这个故事呢？我想问读者你们公司有没有扁鹊？我们看一下什么叫扁鹊、什么叫扁大？

能在产品开发流程的第一个阶段把缺陷、问题、故障搞定的叫扁大；第二个阶段搞定的叫扁二；发货之后统称扁鹊；产品召回之后叫扁六。像看病一样，病症越早去看，花钱越少、治起来越容易，自己也好过，越拖自己越亏、越难受，病也越难治。

扁鹊治的是别人的病，研发治的是自己的病。为什么？

很多公司没有深度理解研发体系，就去拍脑袋搞绩效管理，最后把扁大考走了，有没有可能？

完全有可能。

真正水平高的人做的东西不坏。如果我们做的产品都像都江堰一样两千年都不用修多好呀！

在很多公司，真有这样的人，但是被公司忘记了。因为没有深度理解研发管理体系的人拍脑袋制定的绩效管理体系可能就提拔了制造事端并平息事端的人！

而且救火很有成就感，导致很多开发人员会陶醉在忙碌的救火状态中，喜欢挽起袖子解决问题（其实是自己水平低弄出的问题），更打击了真正在前期把方案、计划做好的人，他们一次把工作做好，最后被遗忘，甚至被抛弃，黯然神伤地离职了，甚至跑到竞争对手那里了！

2.4.2　研发项目管理体系

研发项目管理体系类似于高速公路上的收费站、服务区、加油站和测速监控装置，是为了保证我们的产品能够在高速公路（产品开发流程）上平稳行驶，安全到达终点，所以公司每个项目开发的时候均有项目的启动、计划的制订、执行、监控及项目的收尾，同时需要把项目的质量管理、风险管理、沟通管理、成本管理等贯穿项目始终。研发项目管理体系包括核心过程和支撑过程，如图 2.6 所示。

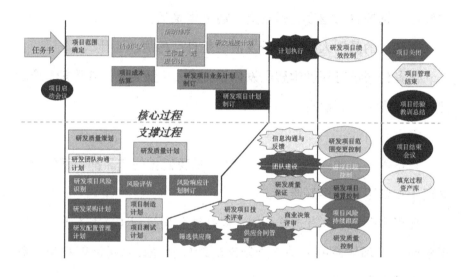

图 2.6　研发项目管理体系

因为有太多项目管理的书籍可以供我们参考，所以研发项目的特点在这里只做简单介绍。

1）项目管理是通过计划来驱动开发流程的。做计划，业界用得比较多的有两种方法：PERT 图和 GANTT 图。PERT 图直观但很难懂，不少项目经理花很多时间来研究如何使用 PERT 图。实际上这是没有必要的，因为 PERT 图适合物理流项目，如工程项目。研发项目是信息流项目，不适合用 PERT 图，我们调研过至少 5 000 家科研机构和高科技企业，用 PERT 图做开发计划的还不到 10 家，而且效果不好。因此 GANTT 图是适合的、实用的。

2）单项目管理并不复杂，甚至多项目管理也不复杂，项目之间有关联的多项目管理才是麻烦！有关研发多项目管理的书籍和参考资料并不多，市面上有一些书籍和课程，基本都是基于没有太多关联的多个项目来讲的。但研发多项目管理都是有关联的。关联主要体现在事和人的关联。

事的关联，如 A 项目中某个任务必须依赖于 B 项目的某个任务的完成。这种关联越多，管理越复杂。项目之间是否有事的关联，各行业差异很大。

但真正给绩效管理带来麻烦的是人的关联：一个人同时参与多个项目。人的关联在任何竞争行业的研发中几乎都是存在的。垄断行业如果不考虑成本，可以一个人只做一个项目，但要考虑人力资源成本，就必须一个人同时参与多个项目，竞争行业更不用说。

举个制药行业的例子，小王参与了一个项目，任务是把几种配方弄好，做个化学反应，这个反应时间有点长，假设需要 5 天。那么这反应中的 5 天，小王如果只有这一个项目的话，他就是闲着的。这就是人力资源的浪费。举个电子行业的例子，小王画了个原理图，出去投板了，要 10 天才回来，那这 10 天小王也是闲着的。举个机械行业的例子，小王画了个原理图，出去开模了，要 10 天才回来，那这 10 天小王也是闲着的。举个芯片行业的例子，小王画了个原理图，出去流片了，要 10 天才回来，那这 10 天小王也是闲着的。举个软件行业的例子，小王负责的模块做测试了，要 3 天才完成，那这 3 天小王也是闲着的。所以研发的工作量和工期不是线性的。

出于研发人力资源成本的考虑，公司不会让小王闲着，于是小王就做其他项目的事情了，也就是说，小王至少同时做两个项目。这样，兼职就产生了，兼职也是必然的。

你可以通过产品规划把项目错开，但研发业务的性质导致了研发人员兼职多个同时进行的项目是必然的，这给管理带来了麻烦。一个人至少有两个直接领导，考核谁说了算？两个领导意见不一致怎么办？

如果一家公司多个研发项目人和事同时都关联，那就更麻烦了，麻烦到好多公司根本都不去理到底有多少关联了，就乱着吧！所以几乎没几个公司的开发计划是按时完成的。

但要做研发绩效管理就必须面对这个麻烦，并梳理清楚，否则，硬做绩效管理就会把矛盾激化，把原来混乱的事情发展成混乱的人际关系！于是公司政治产生了。可怕的是很多公司并没意识到问题的根源，还以为是绩效管理没做好！更可怕的是很多公司的中基层善于学习，把问题根源搞清楚了，高层却没搞清楚，还以为中基层找借口不想做绩效管理！

研发项目管理一定要实现端到端的全流程管理，如图 2.7 所示，从项目启动开始，以项目的计划为轴线，将项目的问题、风险、需求、缺陷、评审、设计、审计、变更等贯穿其中，通过加强对研发项目的过程监控，形成公司的过程资产库。

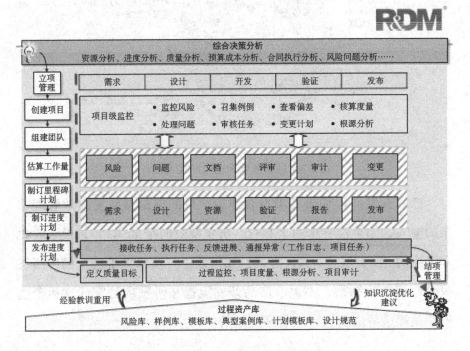

图 2.7　端到端全生命周期的研发项目管理

2.4.3　研发绩效管理体系

研发绩效管理体系用来衡量最后我们的车有没有成功地达到终点，是否满足当初规定的项目的进度、质量、成本等绩效指标的要求。达到绩效目标之后需要给研发人员合理的价值回报，以激励研发人员创造更大的价值。

研发绩效管理是一个 PDCA 循环，如图 2.8 所示。

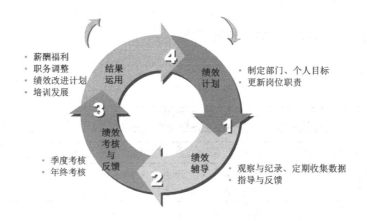

图 2.8 研发绩效管理的 PDCA 循环

产品开发流程和研发项目管理的结果的输出是研发绩效管理结果的输入，如果没有这两个基础，研发绩效的很多 KPI 是没法收集和量化的，没有度量，如何考核？如何评价？所以大量公司的中高层只关心绩效的结果，不关心产品开发流程和研发项目管理这两个基石，是很难解决研发绩效管理问题的。

2.4.4 IT 固化

有了良好的产品开发流程、研发项目管理和研发绩效管理体系后，如何保证能够在公司里固化和实施，而不会因为某名员工的离职影响到整体的业务运作，就需要 IT 系统（信息系统），研发 IT 系统需要解决的问题如图 2.9 所示。

图 2.9 研发 IT 系统需要解决的问题

关于研发的 IT 管理在后面的章节中会专门讲解，因为流程、项目和绩效最终还是要靠 IT 手段落实，没有 IT 来固化，最终还是浮云，很快就会恢复原状。没有 IT 工具，绩效管理的数据收集不准确，而且成本高，最终会导致绩效管理这项工作不能持续，做一段时间就半途而废了。

不少公司既做产品开发，还做技术开发，甚至还做预研，所以开发流程还要做更细的分类。

2.5 研发任职资格管理是研发绩效管理的基础

研发任职资格管理是研发绩效管理的基础。研发费用中人工成本会占到一半以上，软件行业这个比例更高。我们一般都很重视研发人力资源的投入产出比，而没有实施研发任职资格的后果就是研发人力资源配置混乱，投入产出比低，研发人力资源浪费严重。

先看第一个现象。

在完全没有实施研发任职资格的公司里（有些小公司，研发任职资格的概念在老板的大脑中其实是有的，那就是工资和技术能力的匹配），一般会有一个现象，就是只有升职才能加薪，也就是说升职是加薪的唯一通道，这样后果很严重！一些技术高手不适合做管理（管理者与研发人员也有完全不同的特质要求，因此并不是技术高手就可以做管理的），或者不想做管理（怕得罪人），但为了加薪只好走上管理道路，可是因为不适合或不想做管理，最后不但管理没做好，耗费了大量时间，也没时间在技术上给公司做贡献了，这样对公司来说是很大的损失。

公司有损失，后果更严重，老板就不爽了，于是老板就要想办法让这些技术高手不升职也可以加薪。这个办法就是技术任职资格，给技术人员提供双重晋升机制，可以走管理线，也可以走技术线，待遇同样高（见图2.10和图2.11）。

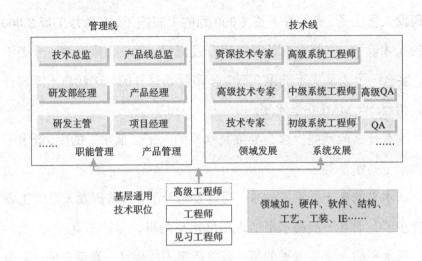

图 2.10 研发人员晋升通道与技术职业资格管理

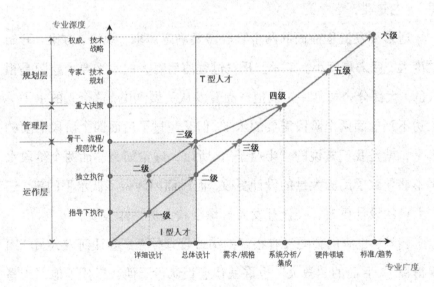

图 2.11 技术任职资格示例

再看第二个现象。

在整个产品开发流程中有很多活动,不是每个活动都需要高水平的研发人员去做，有的月工资 2 000 元的人就能干，有的月工资 8 000 元的人才能干。如果没有认真梳理开发流程，就会出现职责、分工不明，甚至一个人从头干到尾。不少公司就是这样的，这就是土匪式开发，相当于 CMMI 一级水平。

这有什么问题呢？这会导致高水平的人干了低水平的事，低水平的人干了高水平的事。

高水平的人干低水平的事，明显公司亏了，这名研发人员的工资就发多了，而且一般高水平的人干低水平的事，自己不爽。

低水平的人干高水平的事，研发质量不能保证，最后变成"老改犯"（老是改，老是犯）。

通常开发流程前面的两个阶段需要确定需求、规格、方案，开始难度大，后来难度小。实际上开发过程前后对人的水平要求差距是很大的。大部分公司是一个人把产品开发从头做到尾，这个人的水平一般达不到前面两个阶段需要的水平，但又超过了后面四个阶段需要的水平，就是我们常说的"半瓶子"。所以，通常因为前面两个阶段水平不够导致了后面大量的设计更改，而后面因为做了低水平的事，还有大量的设计更改，会让开发人员像个救火员一样很烦。

当然，也有的公司没有很好的绩效管理体系，会让研发人员"因祸得福"，后面的"救火"也许就让老板认识了他，提拔了他，于是这就等于激励了所有的研发人员不要把产品质量做好，否则没有救火机会，也就没有升职机会了。这样更糟，情况会越来越乱，甚至老板也会陷入救火中，没有时间注意原来救火英雄就是纵火犯。一家公司如果不断有救火英雄出现，那真正的问题就是开发流程有问题了。

　　基于以上两种现象，要最优化配置研发人力资源，最好系统地梳理产品开发流程，如把月工资为 1 000～2 000 元的人能做的事拎出来，这就形成了一级技术任职的任职资格行为标准；把月工资为 1 500～3 000 元的人能做的事拎出来（一般不同任职资格对应的工资区间是交叉的），这就形成了二级技术任职的任职资格行为标准，以此类推，各个级别的标准就形成了。然后对研发人员进行认证，这样以后我们在做计划时才可以做到人事匹配。

　　具体分几个级别，没有固定标准。例如，某公司有很多技术领域：工艺、硬件、软件、测试等，把每个领域的研发人员按技术能力分级，如分六级，级别越高工资越高。对应某技术领域某级别的研发人员，如软件五级研发人员，可能跟五级行政管理者的工资是一样的。

　　其实任职资格政府已经搞了很多了，例如，别人问你英语水平如何，你说我是专业八级；问你围棋能力，你说我是职业九段；问你钢琴能力，你说我刚过九级……有了这个能力级别的认证后，你每次不用考试，只看级别证书就大概知道这个人在这方面的能力。只不过技术领域各行业差异太大，政府没法做这件事情，所以每个公司只好自己做了。

　　打个比方，研发任职资格就好比军队的军职和军衔，你可以从排长、连长、团长一直往上升，你专业水平高，军衔就可以提高，待遇随之提高。所以研发的部门经理、项目经理、研发总监等行政职位相当于连长、团长，技术任职资格就相当于军衔！

如果没有实施研发任职资格管理，通常只能把公司所有研发人员放在一起考核，最后很多公司考核的结果就是，能力强的老员工总是考核结果比较好，能力差的新员工总是考核结果比较差，新员工没有盼头，就离职了。所以不能这么做。因为每个研发人员能力不同，公司支付的工资（人力资源成本）是不同的，能力强的当然拿钱多，既然拿钱多就理应干得更好。新员工能力弱，所以拿钱少，那干得不如拿钱多的是应该的。

有了研发任职资格，研发主管就可以根据每个研发人员的任职级别（其实就是工资多少，只是一般公司薪酬保密，有任职资格就既能实现薪酬保密，管理成本又低）制定不同的绩效目标和计划，拿钱多的目标高，拿钱少的目标低，这样后面考核就以该研发人员目标的完成程度来进行考评定级。

所以，没有研发任职资格，绩效管理没法做。

2.6　研发人力资源管理的构成

人力资源管理的构成要素如图 2.12 所示。

对于没有管理基础的读者，看到这里可能感觉有点乱，那么我们再总结一下。首先我们把前面提到的研发管理体系和人力资源管理体系包含的模块总结罗列如下：

图 2.12　人力资源管理的构成要素

- 产品开发流程

- 研发项目管理

- 研发任职资格

- 研发绩效管理

- 研发薪酬管理

- 研发 IT 系统

这几个模块的关系，按照上面分析的，我们可以得出如下结论。

1）没有产品开发流程，研发项目管理没法做，所以广义的研发项目管理是包含产品开发流程的。

2）没有研发项目管理，产品开发流程就不能落地。

3）没有产品开发流程，研发任职资格标准都是虚的。

4）没有研发任职资格，研发绩效管理没法做。

5）没有研发绩效管理，研发薪酬管理没法做，薪酬都是乱发的。

6）没有研发 IT 管理，以上所有模块的操作都不能持久，因为所有模块都需要人去操作，具体操作的人会加入自己的个人情感、价值观和个人利益，导致整个研发系统严重扭曲，严重背离公司战略。

如果一家公司前面模块都不实施，简单弄个薪酬管理，那就好比一个人吃了六个烧饼后后悔："早知道只吃第六个烧饼就好了。"因此我们可以理解：产品开发流程是第一个烧饼，研发项目管理是第二个烧饼，研发任职资格是第三个烧饼，研发绩效管理是第四个烧饼，研发薪酬管理是第五个烧饼，研发 IT 系统是第六个烧饼。

如果把一家公司的人力资源管理体系理解为一个价值评价体系的话，可以这样理解：

1）产品开发流程是弄清楚公司各个角色都应该如何创造价值；

2）研发项目管理是让他们创造价值；

3）研发任职资格是弄清楚他们创造价值的能力；

4）研发绩效管理是对不同能力的人创造的价值进行评价；

5）研发薪酬管理是按大家创造的价值分配物质报酬；

6）研发 IT 系统是保证上面整个价值评价体系客观、不扭曲，从而保证大家持续创造价值。

2.7 研发绩效管理的特点

以上我们叙述了人力资源管理和研发业务的特点、构成等，下面我们看看人力资源管理如何与研发业务相结合。

研发绩效管理和生产、销售等业务领域的绩效管理有很大的不同，这些专业领域的绩效管理直接以结果为导向：你生产情况怎么样？你卖得怎么样？

研发绩效管理如果直接以结果为导向，这个结果就比较滞后，起不到及时的激励作用，所以业界研发绩效管理一般是结果与过程并重，结果就是这个产品取得的市场收益，过程就是基于企业的核心价值链分解的一套 KPI 体系。研发绩效管理包括如下特点。

2.7.1　基于产品战略目标

研发绩效管理以公司产品战略为核心，以开发活动为根本依据，具有自己的战略目标。产品战略目标分解成组织目标，形成绩效目标。这句话一听比较空，因为一谈战略，大家都感觉比较虚。其实并不虚，为什么？很多企业碰到一个问题：做研发项目的时候，哪个产品赚钱，该产品研发人员的地位就很高；哪个产品不赚钱，该产品研发人员在公司的地位就很低，要什么没什么，工资奖金也低。这首先是对员工的不公平。

举个例子，A、B 两个员工都是同一所学校毕业的，去了两个项目团队。一个项目特别简单，短平快，很快赚了很多钱，于是 A 员工工资高、奖金高；一个项目特别难，是公司战略性的产品，技术要求非常高，技术开发出来之后市场没有成熟，暂时没有赚钱，于是 B 员工在公司里的工资低、奖金低、地位低，在公司就待不下去。这样对员工是不公平的。

其次，这样做的话会形成马太效应，做得好的越来越好，做得差的越来越差。做得好的产品总有一天会退出历史舞台，做得差的产品不好的话，公司就不行了。这就好比我们国家核武器的研发人员，国家不能因为核武器从来没用过，就说做核武器的研发人员没有为国家做贡献，他们实际上为国家创造了很大的价值。

所以，研发绩效管理一定要基于为公司战略创造的价值来考虑，公司里从事赚钱产品开发和不赚钱产品开发的人都要给予合理的激励，因为他们都创造了价值，这样才能保证组织均衡建设和持续发展。

2.7.2　基于研发组织结构

我们研发的组织，不同层级的人的责任是不一样的，决策层承担决策责任，执行层承担执行责任。业界一般有三种组织结构：职能型组织、项目型组织、矩阵型组织。职能型组织和项目型组织比较简单，就按一般的人力资源管理操作就可以了，即使你觉得有问题，也不是绩效管理的问题，而是组织结构的问题。

矩阵型组织则给研发绩效管理增加了很多难度，因为在矩阵型组织中，一个员工至少有两个主管，甚至有三四个，而且还经常变，那绩效考核到底谁说了算？所以研发绩效管理首先要把组织结构弄清楚，要基于组织结构来进行。如果组织结构不合理，绩效管理会让这种不合理对公司伤害更深。

2.7.3　基于任职资格管理体系

前文已经详细分析了原因，这里不再赘述。

2.7.4　基于产品开发流程

这是"第一个烧饼"，是绕不开的。前文已经有比较详细的说明，这里不再赘述。

2.8　研发绩效管理的基本原则

研发绩效管理与其他业务领域的绩效管理有很多不同之处。根据研发绩效管理的特点，我们总结了一些基本原则，在实施的时候可以参考执行。

2.8.1　结果导向原则

这个结果就是员工个人绩效承诺的达成情况。例如，公司每位员工季度初制订绩效计划，季度中进行辅导，季度末进行评价，实现一个 PDCA 循环，所以季度末就要考核员工的个人绩效承诺的达成情况。

注意，我们这里讲的是"结果导向"，而不是只看结果。后面会详细描述员工个人绩效承诺的具体内容，大家会发现，其中过程的内容还是不少的。

我们的经验是，从公司高层到基层，考核内容不同。越是高层越关注结果，越是基层越关注过程。具体各层的不同见第5章。

2.8.2　阶段性原则

将绩效目标按阶段性进行分解，以考核其阶段性目标完成情况。特别是有很多公司的产品开发周期很长，如两三年甚至更长时间，这时要分成很多阶段，我们要测量每个阶段的指标，进行分阶段考核。公司制定出 KPI 库之后，可以根据产品发展的不同阶段来使用考核指标。

这是考核过程，与结果导向不矛盾。优秀的过程不一定导致好的结果，不好的过程也不一定必然导致坏的结果，但优秀的过程导致好的结果的概率比较高。

2.8.3　客观性原则

注意定量与定性相结合，以测为主，以评为辅，强调以事实和数据说话。这是中国企业最欠缺的，是度量指标和数据。

我喜欢看 NBA 比赛，为什么呢？某个球员投完球之后马上统计数据，某个球员在同样的位置、同样的角度、同样的距离，命中率是多少。有统计数据才有规律，很多指标是需要量化的。

有一次我们到一家公司交流，问："你们公司的研发管理水平怎么样？"很多人不知道怎么回答。你会发现这个问题很难回答，只能用一些程度副词来回答,如我们公司的研发水平还可以、我们公司的研发水平还不错、我们公司的研发水平与业界最佳实践相比差别有限等。你没有办法量化地回答这个问题。

但国外公司比我们清楚,这些公司有一套方法衡量他们的研发水平,叫作过程能力基线（Process Capability Baseline, PCB）。

如果有过程能力基线,以后可以这样回答:"王总,我们公司的研发水平非常高。我们公司开发一个 A 类产品,周期是 8 个月;开发一个 B 类产品,6 个月搞定;C 类产品 4 个月搞定。"

例如,做软件产品,统计每人天多少行代码,这就是软件开发生产率。持续统计就会发现规律。这就是过程能力基线,如果能收集到这样的基线,可以把我们公司的水平跟对手相比较,也可跟业界最佳实践相比较;如果找不到最佳实践,就跟自己比,今天跟昨天比,明天跟今天比,看看有没有提高、进步。

2.8.4　全方位考核原则

矩阵型组织的公司尤其要注意这一点。考核信息要逐步实现全方位收集,考核结果要充分考虑到相关人员的评价（直接主管、相关主管、员工自评、周边部门相关意见调查）。

很多公司会推广 360 度考评,向各相关部门征求对员工的考核意见。我们认为这太复杂,没有必要,而且管理成本奇高。一个人在公司工作,不可能所有部门都满意,否则这样的员工就成为圣人了。

2.8.5　绩效关联原则

团队、主管、员工是不可分割的利益共同体，团队的整体绩效影响团队成员的绩效。团队绩效与个人绩效之间该如何平衡？研发绩效管理一定要强调立足于团队来考核某名员工的个人绩效。

个人绩效很好，团队绩效一般；团队绩效很好，个人绩效一般，这些情况怎么办？

我们做绩效管理的时候，研发要立足于团队来考核个人绩效。某个个体虽然很优秀，但离开了团体，就跟大家没有什么区别，所以先考核团队的绩效，再考核员工个人绩效。团队和个人绩效都分为A、B、C、D四个等级，这叫分等分级的等高线考评方法，如图2.13所示。

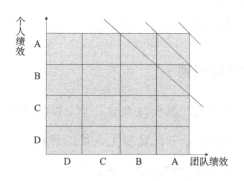

图2.13　分等分级的等高线考评方法

在A团队里考评结果为A的员工是非常优秀的员工，这就是湖人队的科比，是公牛队的乔丹。这种人才要重点培养，是公司的栋梁之材。

在 A 团队里考评为 B 的员工和在 B 团队里考评为 A 的员工，年底做价值分配的时候是差不多的。

在 A 团队里考评 C 的员工、在 B 团队里考评为 B 的员工和在 C 团队里考评为 A 的员工，年底做价值分配的时候是差不多的。

这种方式可以让员工的目标集中在组织的绩效和团队的绩效上。

2.9　各级管理者在研发绩效管理中承担的责任

绩效管理不单纯是考核。过去很多企业做绩效考核，根据主观性的目标进行评判，作为事后评估，注重形式和结果。

绩效管理强调 PDCA 循环，根据企业自己的目标设定绩效目标期望值，制定绩效指标后不断激励并辅导员工，注重整个管理流程，结果指标和能力指标同样重要，部门经理参与整个过程。

一家公司里，绩效管理的职能中心一定是公司的各级经理。有人说公司人力资源部门会做这件事，但人力资源部的经理是来做评判的。人力资源部在公司是一个权威的管理机构兼咨询机构，负责制定公司绩效管理的规则、流程，同时教会部门经理做人力资源管理。

研发经理在公司里是研发人力资源管理的责任主体。研发部门经理、研发项目经理一定要懂人的管理，这是基本的要求，因为你是养兵练兵的教官、带兵打仗的将军。

第 3 章

研发绩效管理的操作步骤

3.1 研发绩效管理流程

3.1.1 研发绩效考核周期

研发绩效管理有一个基本流程。这个流程多久转一次，也就是我们平常说的考核周期，究竟是按照月度、季度还是按照年度来考核呢？

研发按月度考核太频繁，每月的第一周和第四周，领导没别的事，就是填表，很多研发领导都反映一个月中有半个月没干"正事"。而且研发业务有一个特点：一个月的工作很难有明显的进展，所以不好评价月度业绩。

有的公司按年度考核，这个周期又太长，每到 12 月的时候员工表现非常积极，因为前面几个月的问题领导已经忘光了，最近好好表现一下，到年底的时候奖金多拿一点，这叫近期行为偏向。

所以我们认为采用季度考核的方式比较合适。一年四个季度，每个季度三个月，月度跟踪、季度考评、年终综合评定。

3.1.2 研发绩效考核等级划分

我们强烈建议把研发人员的考核结果分成 A、B、C、D 四个等级。这是因为有的公司打分数，结果发现研发人员特别较真，到季度末就纷纷开始算分，有人 81 分，有人 87 分，就有员工问：

"王总，为什么我得 81 分？这 6 分差在什么地方，你告诉我，我需要改进。"

你能答出来吗？你肯定答不出来。即使你能搞清楚这 6 分差在什么地方，你每天的工作就是在"赶苍蝇"，耗费在这些不增值的解释工作上，耗费了居高不下的管理成本。所以打分之后，很多研发人员的目光集中在分数上。每到月底，他们就开始算分，疲惫不堪。

A、B、C、D 的等级划分如下：A 是杰出，非常优秀；B 是良好，做得不错；C 是正常，算合格；D 是需改进。

有的公司把 D 叫"淘汰"，我们建议应该叫"需改进"。研发人员被淘汰之后可能直接去了竞争对手那里。研发人员没有达到要求，如果确实是态度有问题，很有可能是公司没有用好他，没有把他放到合适的工作岗位上，所以需改进。

在公司内部需改进的可以合理流动，到生产、质量、采购、服务等部门任职，这些部门非常欢迎来自研发部的人。

我们建议等级划分按照如下比例来设计：A，杰出，占10%；B，良好，占40%；C，正常，占40%；D，需改进，占10%。

这个比例可以微调，这叫强制排序。

公司是否强制排序呢？要根据公司的情况来决定。

有人说，我们部门的员工都很好，都是A，排不出C和D，怎么办呢？那排个队，排到最后的10%的人就改成D，这样就会让组织永远处于激活状态。

我们认为C应该被定义为正常。有的公司把C定义为需改进，结果考核以后发现不正常的研发人员达到50%以上，他们需改进，但是从考评结果看会发现打击一大片。而且有的员工会说："公司人力资源部有问题，为什么把那么多不正常的员工招进公司呢？是怎么招进来的？"

研发绩效管理应该以正向激励为主，公司80%的员工应是合格的。俗话说："研发是要哄的，销售是要抽的。"

3.1.3　研发绩效管理具体操作流程

研发绩效管理具体操作需有一个流程，公司需要正式颁布这个流程，这叫流程公正。

有的公司认为，绩效考核要做到流程公开、数据公正、结果公平。公开是流程公开而不是结果公开，数据是公正的而不是假的，结果公平是指价值贡献的公平。

研发绩效管理具体操作流程是一个 PDCA 循环，如图 3.1 所示。

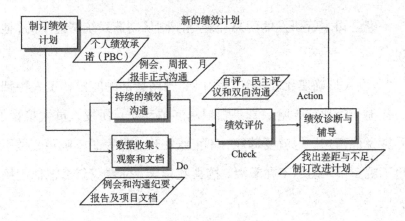

图 3.1 研发绩效管理具体流程

正如第 1 章中提到的，一家公司的激励机制，分解到每名员工，
应是：

- 公司想让这名员工创造什么价值
- 公司辅导、帮助这名员工，以创造公司期望的价值
- 公司评价这名员工是否创造了公司期望的价值
- 公司按照这名员工实际创造的价值给予回报

以上内容具体到研发绩效管理就是：

1）季度初制定绩效目标与计划；

2）持续做绩效辅导；

3）季度末做绩效评价；

4）绩效评价后，需要给员工制订绩效改进计划。

3.2 制订研发绩效计划

一家公司主管研发的副总经理是刚刚从制造系统调过来的，他对我说：

"研发人员确实比较难管。我以前管制造部的时候，工人特别好管，让他干啥他就干啥。真是知识越多越反动，研发人员太难管了，你稍微说他两句，他就要辞职，不汇报工作，做完了不吭声，做不出来也不吭声，一切尽不在掌握，搞得我很烦。你看我怎么把他们搞定呢？"

我问："王总，到年底，你想把研发部搞成什么样子？"

王总一怔："我没想过把研发部搞成什么样子。"

很多公司研发部连目标都没有，怎么能搞好呢？就算有目标，也不一定能搞好。

我们先看一下目标的重要性。

有一次，我面试一个小伙子，前面问一些业务的情况感觉都很好，但问完最后一个问题我就决定不要他了。

"你能不能跟我说说你 10 年后想干啥？"

"10 年后我要开公司、当老板。"

"那你能不能给我描述一下 10 年后你最忙的一天是怎么度过的，从早上起床开始到晚上睡觉。"

他就开始摸后脑勺，摸了半天也摸不出来，这叫做梦，因为是白天，所以叫白日梦。这说明这个小伙子连人生目标都没有！可见德鲁克这句话说得多好："当我们知道目标的时候，目标管理是有效的，遗憾的是我们很少知道目标。"

那么，研发部门怎么制定目标呢？首先，研发体系的目标要符合公司的战略目标。例如公司的销售额是 1 亿元，老板要求第二年达到 1.2 亿元，我们就不用开发新产品，只需要把老产品优化改进，销售部再努把力就可以完成。研发部的目标就是维护优化现有产品。

假如老板说第二年要达到 3 亿元，我们一看，靠现有的产品完不成，于是决定开发两款新产品。

假如老板说第二年要达到 30 亿元，那怎么办？就算我们开发很多新产品也不行，看来得去山西开个煤矿，否则无论如何都做不到 30 亿元。

假如老板要求第二年要达到 300 亿元，怎么办？研发部的所有项目都砍掉，开始开发机关枪，同时销售部改行抢银行，这样才可能实现 300 亿元。

这叫公司战略决定产品战略。

产品战略确定后，需要从逻辑上（这才是真正的基于价值的分解）往下层层分解：产品战略→产品路标规划、技术规划、平台规划、资源规划→产品开发的里程碑计划→模块开发计划→详细开发计划→研发人员的个人计划。

具体到一名研发主管，其目标怎么制定呢？他的目标来自两个：一是业务流程的最终目标；二是项目的终极目标。研发业务管理一般是流程管理和项目管理两种模式。流程管理和项目管理有什么不同呢？

打个比方，你公司有没有新员工招聘流程？一般公司都说有，公司每年招不少新员工，新员工要经过笔试、面试。你公司有没有员工跳楼后摔死如何处理的流程？很多公司说没有这个流程，为什么呢？因为公司跳楼的人太少了。假定你公司每天都有 10 个人跳楼，我坚信不到半个月这个流程就产生了。

这说明管理也是需要成本的。设计一个招聘流程需要 1 万元，今年招 100 人，每人分摊 100 元，明年再招，再分摊，当招到 1 万人的时候每人就只分摊 1 元了，公司就赚了。现在你设计了一个员工跳楼后摔死如何处理的流程，谁知 10 年都没有用过这个流程，这 1 万元不就亏了吗？有人说有备无患，一旦在第 11 年有人跳楼就用上了。那这就影响了这 1 万元 10 年的现金流，因为这 1 万元本来可以干别的事情。

如果现在你公司真的有一名员工跳楼了，怎么处理呢？那就把这件事当成一个项目来处理，因为它符合项目的定义和特征，应该采用项目管理的方案。

因此，我们可以这样理解：流程管理帮我们搞定例行的事情，项目管理帮我们摆平例外的事情。

流程的目标怎么产生？要先定指标，就是关键绩效指标（KPI）。例如，身高、体重、血压是指标（PI），其中体重这个指标很关键，体重就是 KPI，把体重控制在 50~60 千克就叫目标。KPI 加上数字就是目标。

如果没有 KPI 怎么办？KPI 设置有一个工具叫平衡计分卡，从财务、客户、内部运营、学习成长四个维度设置 KPI，但这很麻烦，要让研发主管把这些都搞懂很费劲，有没有捷径可走呢？很幸运，因为有了这本书，我们经过这么多年的研发管理研究，已经把研发体系几乎所有的 KPI 搞出来了。如果你急不可待，现在就可以直接去看下一章。

项目目标怎么定？"砖家"告诉我们定目标要 SMART，如果听信"砖家"的，你会浪费好多时光，因为要理解这个 SMART 需要项目经理水平很高（这需要时间、学习、成本）。小公司（土匪式开发）可以这么做，大公司这么做管理成本太高，而且效果不好。

例如，阿杰按照 SMART 原则制定了项目目标，交给领导后，领导说：

"阿杰，我们不是都培训过制定目标要 SMART 吗，你这个项目怎么还不 SMART？"

"我觉得挺 SMART。"

"你这个怎么 SMART？"

"我觉得非常非常 SMART。"

……

我记得多年前有一次去沃尔玛山姆会员店，那时候入口在左边，出口在右边。到入口的时候感觉很好，因为门口站了一个漂亮的小姑娘在迎宾："您好，欢迎光临。"她朝我笑，我在想她是不是喜欢我，后来我发现我错了，因为每个人过去她都笑。我去问她：

"你怎么见人就笑？"

"我没有见人就笑呀。"

"我刚刚看见过去一个人你就笑。"

"那是我们沃尔玛的规定，见客人要露八颗牙。"

原来是这样的，说不定她心里恨死你了，但是她就要露八颗牙。

假定你也开了一家超市，招了100名员工，想向沃尔玛学习。沃尔玛为什么生意这么好呢？因为他们的服务人员见客人都微笑，于是你回来跟超市所有的员工训话说："你们以后见客人也要微笑！"他们都能做到吗？万一他荡笑怎么办？他皮笑肉不笑怎么办？人越多越不容易做到。

那怎么办呢？我们的经验是要想让超市100名员工见客人都微笑，就规定他们见客人露八颗牙就行了，正负不超过两颗。对于研发来讲，就是制定一个模板，要求每名项目经理填模板，一填就是SMART。他们边填还边聊天：

"阿龙，你最讨厌什么？"

"我这个人啥也不讨厌，就讨厌 SMART。"

"真的吗，我也是，咱们是知音啊。"

那帮讨厌 SMART 的知音都在填模板，在填的过程中他已经SMART 了，不管他主观上有多么讨厌，客观上已经实现了，这就是模板的力量。

所以要制定 SMART 化的研发绩效目标，只需要制定一个模板就可以了。此方法管理成本极低，效果奇好！

由于研发业务的特殊性,研发人员的目标和计划不一定都是由部门经理来制定的。

部门经理是管人的,项目经理是管事的,所以目标由部门经理负责,计划由项目经理负责。每名研发人员的项目经理(可能会有多名)通过项目计划分解到个人的任务,加上部门工作分解到个人的任务,就是研发人员的个人计划。注意每个项目计划都可能会跨越一个考核周期,部门经理要把研发人员所有的任务只截取一个考核周期(如一个季度)来设定季度目标。

不同的公司在不同的发展阶段,结合自身的业务特点,研发模式可能有不同的选择。关于不同模式如何运作,可以参考第 5 章的内容。

前面讲了绩效目标和计划的制定需要一个模板,但要注意公司各层级的模板不同。KPI 适合研发中高层、PL、FM,但不适用于研发研发人员。

需要注意的是:不管采用什么模板制定绩效目标,都是主管和下属共同制定的。

有的领导喜欢乾纲独断,认为自己定好目标,下属执行就可以了,为什么还要跟下属一起定呢? 也许这适合低层次的员工,但不适合研发人员。我们前面讲了研发人员的特点是学历高、素质高、执行力差。不少公司执行力在这里就缺失了。你制定的绩效目标,他为什么要执行? 下属的绩效目标和计划应由主管和下属共同制定,这是他们"亲生"的,他们会细心呵护。

3.3　进行研发绩效辅导

制定绩效目标后，就要做绩效辅导。绩效辅导贯穿绩效管理的全过程。

有很多公司的主管特别喜欢做"甩手掌柜"，他们经常这样跟员工说："我不管过程，我只要结果。"

大领导才可以讲这样正确的废话，如果大领导还去管过程，就没有人管战略发展方向了。而一名基层的主管这样讲话就是不负责任。

一名连长带了一群士兵攻山头，连长说："我们一定要把山头攻下来！冲呀！"

一顿狂轰乱炸后，全军覆没了，连长受伤了，瘸着腿一蹦一蹦回去了："报告领导，不好意思，他们都牺牲了，我不干了。"

于是这名连长换个地方继续祸害另一支部队。有没有这样的主管？

我们做绩效管理的时候要强调绩效辅导。例如这名连长带士兵攻山头，跟士兵讲："兄弟们，我们一定要把山头攻下来，王小二埋地雷，王小三佯攻，王小四做总攻！"

即使最后红旗没有插上山头，我们也知道是地雷没有埋好，是王小二没有做好，战斗结束后，可以训练他埋地雷的能力。

作为一名主管，不能做甩手掌柜，尤其中基层更不能做甩手掌柜。

绩效辅导贯穿始终，通过绩效辅导，可以：

- 建立并强化员工对目标达成的愿望和信心

- 员工有机会表达自己的需求

- 了解和监控研发人员的工作执行过程

- 及时纠正偏差（这也是 TQM 的核心思想）

- 研发人员会认为绩效管理对自己有帮助（胡萝卜），而不是被大棒打

绩效辅导带来的结果，首先是比赛，在公司里形成成熟的做法和风格，培养员工形成良好的职业道德，培养优秀的未来领导。

绩效辅导不是教导，要以平等的辅助角色来参与，重点在于协助并引导员工找出自己的偏差和解决方法。

绩效辅导是一项人性化的工作，要因人而异。辅导不宜过于频繁，也不能过少。对新员工辅导太少，他进入不了状态；对老员工辅导太频繁，会让他以为不信任他。具体什么叫频繁，什么叫少，什么叫合适，这需要研发经理充分了解下属并修炼自己的管理艺术，实现从技术向管理的角色转变。

绩效辅导要善于倾听，因为只有员工最清楚自己的问题。绩效辅导要侧重于分析工作过程，不特别强调结果，避免问题出现时不提出，考核的时候秋后算账。

绩效辅导的类型有：

- 正式的辅导方式

- 非正式的辅导方式

- 一对一的方式

- 点对点的方式

绩效辅导不仅仅是主管辅导下属，更重要的是通过绩效辅导完成主管和下属、下属和下属之间优点的复制，这才能真正地激励和挖掘研发人员的潜力。

3.4 评价研发绩效

3.4.1 评价研发绩效的误区

1）光环化：将被评价人某一优点或缺点扩大，以偏概全，一好百好或一无是处，凭个人印象评价下属。

2）宽容化或严格化：评价人怕承担责任而有意放松评价标准，或者过分严格，使员工工作积极性受到严重打击。

3）中间化：不敢拉开档次，评价结果集中于中间档次，其原因是缺乏事实依据，缺乏自信。

4）好恶倾向：把个人的好恶作为评价依据，自己擅长的方面，考核就严；自己不擅长的方面，考核就宽一些，不能做到实事求是。

5）逻辑推断：由一个考核指标推断另一个考核指标，如认为工作勤奋与工作绩效之间有逻辑关系，当前者表现好时，后者也必定好。

6）倒推：先为被评价人确定一个评价结果，然后找证据。

7）轮流坐庄：为应付制度的有关规定，将较差的档次或好的档次在公司内部轮流分配。

8）近期效应：最近行为的记忆要比遥远的过去行为更为清晰，平时辅导、监控、纠偏、数据收集工作不到位，误判。

3.4.2 评价研发绩效的方法

评价研发绩效的原则是程序公开、数据公正、结果公平。

评价研发绩效的方法有很多：

- 直接领导评价
- 小组评价
- 同行评价
- 自我评价
- 前 4 种组合

直接领导评价是最简单的，适用于项目型组织和职能型组织，也适用于员工只有一个直接领导的情形。

有人说，这样这个领导一手遮天怎么办？徇私情怎么办？那公司会充分信任他不会这么做。为什么？公司应该相信主管还是相信员工？肯定相信主管，如果你相信员工，你把员工提为主管就行了。

很多研发人员在公司里工作，觉得自己水平很高，恃才放旷，一天到晚以挑战领导为己任，这类员工情商太低。为什么？因为管理没有对错之分，如果为技术问题而争得面红耳赤是可以的，因为技术有对错之分。管理没有对错之分，只有合适与不合适。

当然，人力资源部门最好做审计，从而发现少数不称职的主管，这是另一回事。

一般做绩效评价首先是研发人员自评，自评之后提交给主管。

研发人员自评算不算数呢？

不算数。

不算数还做什么呢？

如果员工每次自评很高，领导评得很低，说明员工不能正确认识自己。

那有人说：我们公司有些员工以为自己水平很高，但是领导不欣赏他，怎么办呢？

那一点办法也没有。在公司里，领导不欣赏你，你是没有机会的。这就是人们常说的怀才不遇。

真正的怀才不遇是遗憾的，所以才需要一个优秀的研发绩效管理体系来帮助公司发现真正的千里马。如果没有这个体系，很多真正的千里马就会被当作肉驴而被杀吃掉了。

但有些自以为是千里马的庸人也会抱怨怀才不遇，这就是假的怀才不遇。如果你觉得自己怀才不遇，为什么不找一个很好的舞台，把你的才华展现出来呢？你找不到舞台去展现才华就还是没有才，因为找舞台也是需要才华的。

有的千里马就说了，我跑得快，但不会跟领导搞关系，所以我没有机会！也就是说有技术才能，但不会沟通，这才真是怀才不遇，所以才导致了中国缺的是机会，缺的是舞台，但不缺技术人才。

可见，没有一个优秀的研发绩效管理体系，导致的结果就是：

● 善于钻营的管理能力不强的人被提拔了

- 善于钻营的管理能力强的人被提拔后，被能力不强的人因为"羡慕嫉妒恨"而"搞下去"（这种能钻营、能力又强的人，留不了，必须出局，因为谁都希望他出局，玩过"杀人游戏"的人应该有更深的感受）
- 不善于钻营的管理能力强的人被排挤走了
- 不善于钻营的技术高手跳槽了

自评还有个好处，就是为后面的绩效反馈提供足够的信息。

如果员工自评为 A 而主管评的是 D，这与员工自评为 D 而主管评的是 A，反馈难度一样吗？这就像我们招聘一名新员工，即使公司定了工资为 5 000 元，我们还是要问问他的期望，这样你可以了解到他的满意程度。如果他期望 3 000 元，他一定惊喜；如果他期望 6 000元，他很有可能会来上班，但可能天天在寻找下个机会。

如果是矩阵型组织，就麻烦很多。绩效评价有一个基本的流程，员工先做自评，部门经理分流给项目经理，项目经理做完评价后反馈给部门经理做最后评价。

为什么要部门经理做最后评价呢？

这是评价的另一个原则：把相同的人放在一起比较。我们会发现不同的人是没法比较的，如刘翔和李娜谁厉害？他们厉害的地方（能力的方面）不同，没法比，要比只能比谁加班多少、谁更听话了。项目经理手下都是不同的人，没法比。而且根据我们的调研结果，通常研发项目经理都不清楚项目团队成员工资，又怎么评价呢？

部门经理手下都是相同的人，应当他做最后评价。但部门经理做最后评价前要征求项目经理的意见。

这个流程最好能够通过软件实现，如果不能通过软件实现，你会发现员工需要拿着一张表到处找人签字。这时候信息化是必须要跟上的。这样过程被客观记录，人力资源部门可以随时做人力资源审计和过程审计，避免徇私情。

矩阵型组织中研发人员绩效考核流程如图 3.2 所示。

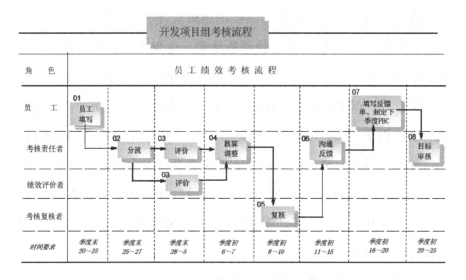

图 3.2　矩阵型组织中研发人员绩效考核流程

根据组织结构的不同，一般有 3 种评价方式。

1）如果采用职能型的管理方式，就很简单，职能经理进行绩效评价。

2）如果采用项目型的管理方式，项目经理做绩效评价。

3）如果采用矩阵型的管理模式，员工先自评，然后项目经理做评价。一名员工做多个项目的时候，可以由多个项目经理对这名员工在各个项目中的表现分别评价，然后由职能部门经理汇总做最后评价。这是职能部门和项目考评相结合的方式，是比较客观、科学的。

3.4.3 研发绩效评价的数据来源

没有数据，没法保证客观、公正。

理论上需要平时观察、记录，评价时才能相对客观、公正。但研发主管平时很忙，加上研发人员都在项目干活，只有项目经理才清楚研发人员具体在做什么、做得怎么样，部门经理都不知道，怎么办？如果找一帮人专门收集数据，不但数据不准，还会带来很高的管理成本！

这里我们谈一下管理成本。不少管理理论在实际工作中没有实施好，就是忽视了管理成本。脱离成本来谈管理是不现实的。有人会说："凡是用钱能搞定的事都是小事！"这都是有钱人说的，如果没钱，这句话应该改为："一分钱难倒英雄汉！"

也有人说："我们研发不计成本！"说这句话的人完全把研发成本、设计成本和产品生命周期成本这 3 个概念搞混了。

研发成本包括研发人员工资、奖金、管理费、电费、培训费、仪器设备费等所有期间费用。

设计成本是指单个产品的物料成本，一般说不计研发成本的是特殊行业，为了保证产品质量而放宽了对物料价格的控制。

产品生命周期成本是指产品从诞生到消亡的所有成本，包括研发成本、制造成本、销售成本、售后服务成本等。

因此，用较低的管理成本就能准确、全面地收集绩效评价数据，才是务实的做法！最好的办法就是使用专业的研发管理软件。这是为什么呢？

你公司有没有要求研发人员写工作日志？如果有，要坚持住，如果没有，赶紧做。

工作日志是对员工进行工作计划监控管理、项目管理、绩效评价非常重要的手段。我们跟很多公司强调工作日志很重要，但是有人说：

"我们也觉得很重要，但是进行不下去。"

"为什么？"

"工作很忙的人说一天到晚忙得要死，哪有时间写工作日志；工作很闲的人说一天到晚没事干，不知道写什么。"

你再忙，每天花5分钟、10分钟写工作日志的时间应该是有的。

如果你很忙，一定赚了很多钱。

如果赚不了很多钱，你在忙什么？

瞎忙还不如不忙，好好地休息一下，总结一下，找找原因。

工作日志对员工是一个很好的训练。也有人说：

"公司让员工写工作日志，但他们经常造假。怎么办呢？"

怎么解决这个问题呢？必须用IT手段。IT手段一定要具备两个条件：

- 公司每名员工都写工作日志，工作日志写完之后，过了晚上12点就不能修改

- 日志内容跟其他系统完全关联，如绩效评价

如果某名员工要撒谎，上面第一条导致此员工必须天天撒谎，第二条导致必须天天撒新谎、圆旧谎。最后的结果只有两个：一是他疯了；二是决定不撒谎，说实话了。

3.5　反馈研发绩效的"九阳真经"

有很多公司给员工绩效评价之后不跟员工面对面沟通评价结果，只给员工发个邮件："张三，你这个季度的考评是 C。"不跟员工讲为什么是 C。

我们做完绩效评价之后，一定要跟员工沟通绩效评价结果。不跟员工面对面反馈为什么是这个结果，前面绩效计划制订、辅导和评价3 个步骤全白做了。就好比锅也买了，菜也买了，饭也做了，最后没有端到桌子上。

我们认为，以下事情一定要跟员工面对面沟通（电话也不行，因为看不到表情和动作）：

- 升职
- 调动
- 涨工资
- 绩效评价结果

● 配股

很多公司给员工发奖金都不沟通，到年底员工把银行卡往柜员机里一插，发现多了3万元。这说明公司奖金分配方式和制度有问题。

举个例子：某公司发奖金的时候，领导把王小二叫到一个小会议室，首先给王小二讲了当年公司的营收状况和公司发展规划。

如果是上市公司，这个要保密，讲到什么程度自己决定；如果是非上市公司，跟员工讲一讲没有问题，因为一名基层员工听到领导给他讲公司的营收状况和发展规划，听完之后会热血沸腾！他当即就会决定：第二天一定要加班，这么好的公司去哪儿找啊！

这对员工是很好的激励，不要一谈考核就是发钱。

有人说，绩效评价反馈进行面对面沟通，太浪费时间了，领导哪有这么多时间。

不要把这看成浪费时间，这是公司管理者对管理的一种投资行为。这是管理者应该做的事情，这可以传递公司价值观。

我们问过很多公司，甚至问过一些高层管理者，是否知道怎么做才能涨工资？居然有70%的人不知道往哪个方向努力。基本靠猜！任何公司都有涨工资的规则，即使永远不涨，也是规则。大家都不知道，那这就是潜规则。潜规则就要靠人去摸，这样会导致智商高、情商低的人吃亏，大多数研发人员就是这样的人。

假设小张今天被涨工资了，没人告诉他为什么涨，他就猜："我前天晚上跟领导一起喝酒就发现不对头，我替领导喝了两杯酒，领导朝我神秘地一笑，我不知道为什么。今天一看工资单终于知道了，原来领导给我涨工资了。那以后我要多替领导喝酒。"看看，价值观被扭曲得多么严重！尤其是大公司，最后造成的结果就是高层制定了很好的政策，执行时全变味了！

绩效反馈是很多研发管理者面临的最痛苦的问题，因为大多数研发人员有一个特点：不擅长沟通。

绩效沟通不仅仅是反馈结果，更重要的是双向沟通。绩效反馈之前要了解研发人员的特点。我们研究了一个方法，叫研发绩效反馈的"九阳真经"。

多数研发主管是技术出身，不擅长沟通，怎么办？我们把它结构化：研发主管跟员工做绩效沟通之前，要先做准备，要了解员工任职状况、绩效评估情况、评价标准，制订面谈计划，这样可以显著提高沟通的成功度与可控度。

然后要预先通知，有效沟通是一种尊重，跟员工沟通之前有一个简短的开场白，消除双方的紧张情绪。

有些员工需要一起在会议室里沟通，有些员工需要一起吃饭，有些员工还需要喝两杯酒。

跟员工做绩效沟通时，可以让员工先讲话。很多主管一般自己先讲话。这个考评结果是 D，为什么是 D？一二三四五六七列出来。讲完之后，员工说："王总，一二三四五六七我认可了，还有八、九、十、十一、十二你不知道，我跟你说一下。"若主管没有了解清楚员工的工作状况就给员工考核结果，员工会觉得你"草菅人命"。一定要让员工先讲话，免得主管很被动。

要让员工先讲话，讲话过程中平衡讲、听、问，营造良好的氛围。基于事实进行奖励和批评，不要将对方与第三者对比。即使想把他们做对比，也要把他们虚拟成一个标杆，然后吐露真情、纠正偏移、避免冲突，严防对抗。

我们要引导研发人员跟自己比，跟标准比！一个人老跟水平高的人比，会自卑；老跟水平低的人比，会自恋！如果不断地在自卑和自恋之间切换，就有可能变成精神病了。

我们做绩效评价的时候有一些基本的要求，即一个中心、两个基本点。注重积累，选择好沟通过程，做好绩效诊断，从知识、技能、岗位态度方面做好绩效的诊断。最后填写考核的表格，达成共识。

反馈研发绩效的"九阳真经"，具体总结如下。

1. 事前准备：确认下述基本问题是否清楚

- 任职状况评价
- 年度绩效评估
- 评价标准对应下属职位的具体要求
- 公司价值评价与分配的关系
- 员工的工作状况及个性特征
- 员工的评定结果（综合上级最终调整的情况）

2. 制订面谈计划：可以显著提高沟通的成功度及可控度

- 拟订面谈议程
- 确定预期结果

- 诊断能力和绩效问题

- 找出解决策略及方法

3. 预先通知

- 有效沟通的前提——尊重

- 预先通知是一种尊重

- 预先通知可提高沟通的效率及效果

4. 开场白：明智之举

- 花较短时间，谈一些对方感兴趣的话题（哪怕是"题外话"）以消除其紧张和尴尬

- 指明所谈事项及其顺序，明确想要达到的预期结果，即指明"出发地"和"目的地"

5. 平衡讲、听、问

倾听是前提，知己知彼，可使谈话更有针对性。讲与问的平衡效果如下：

- 问多讲少，有利于营造积极的沟通氛围。用提问向对方表明，对他们的话题感兴趣，理解他们的观点，尊重他们的意见

- 讲多问少会产生一个消极氛围，使对方感到自己被控制、被疏远，从而产生挫折感

6. 营造氛围

- 基于具体事实进行表扬和/或批评

- 只谈能力和绩效而不涉及人格

- 不将对方与第三者比较

- 谈话内容避免被第三者听到

- 谈话场地尽可能免受干扰

7. 吐露真情

要想交流成功，双方必须坦诚。要想对方吐露真情，就要给他们安全感：

- 恰当反应。在整个交流过程中对他人的讲话给予真诚反应，避免"反应不够"和"反应过度"两种误区

- 显示坦诚。先用己方行为显示坦诚，并以此表明你也渴望对方坦诚

- 善于表达分歧。分歧不总是不好的，理智的分歧对反馈氛围往往是有益的

8. 纠正偏移

话题偏移是反馈沟通最大的威胁之一。话题偏移时的纠正措施如下：

- 及时表达不同意见，理性加以制止

- 果断终止无成果的辩论

- 每项议题开始时，指明方向，以澄清谈话双方应起的作用；每项议题结束时，进行总结，以确保沟通的连贯性

9. 避免冲突

- 冲突的结局：鉴于主管的权威性，冲突很可能会以主管胜利的局面收场，但这仅是表象。遗憾的是，主管此时的胜利也已付出了最大的代价，因为它彻底摧毁了下属对主管的信心，而使他决意不再与主管开诚布公地沟通。于是，面谈以彻底失败而告终

- 现场冲突的区别与处理
    — 情绪化对抗：令其转入冷静后再谈，或暂时搁置，改日再谈
    — 理性化对抗：明确告知你的感受和遗憾，停止面谈，从长计议

3.6　绩效评价结果是否公开

一般情况下，北京、上海、深圳这种经济比较发达的地区，公司不再公开绩效评价结果，因为排在后面的研发人员待不住，他们要面子，很快就离开了。

有人说："我们只公开做得好的，起到激励作用。"

我们发现，如果只公开做得好的个人，那他在公司里很快就会被孤立。

也有人说："不公开做得好的，也不公开做得差的，怎能起到激励和鞭策作用呢？"

我们建议：如果你想公开，就公开做得好的团队，因为一个团队是没法被孤立的。

绩效管理的 PDCA 循环到这里就全部讲完了，最后我们做个总结：研发是一个团队，我们要通过绩效管理来引导研发人员跟自己比，看是否进步；跟标准比，找出差距，努力追赶；同时传递公司价值观，从而达到公司整体最优，成功实施公司战略。

第 4 章

研发 KPI 设计的捷径

4.1 研发 KPI 制定的误区

研发 KPI 制定有以下典型误区。

1）KPI 的设计是基于部门而不是基于流程的。这就好比让运动员设计裁判规则，从而直接导致了局部最优而不是整体最优。

2）没有深度理解研发业务，拍脑袋制定 KPI，结果事与愿违。

3）以为 KPI 越多越好，结果考核对象弄不清要考核什么，从而造成很高的管理成本，得不偿失。

4.2 研发KPI制定的原则

针对以上误区，制定研发 KPI 时需要基于以下原则。

1）一家公司 KPI 的分解一定要基于其核心业务流程体系展开（见图 4.1），否则会导致一个问题，即局部最优并不代表整体最优。

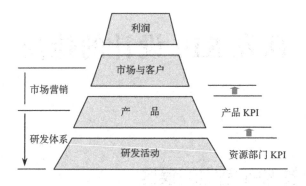

图 4.1　基于业务的 KPI 分解

给大家举一个例子。

你有没有这种经历？坐飞机的时候，你已经登上飞机，把行李放好后，把安全带系好，闭目养神等待飞机起飞，突然乘务员广播："我们非常抱歉地通知各位乘客，由于航空管制，我们的飞机不能够准时起飞，我们正在与塔台联系，什么时候起飞我们再通知。"

结果你在飞机上等了一两个小时。

其实航空公司早就知道飞机不能按时起飞，为什么还要把你关一两个小时呢？因为国家民航总局考核航空公司有一个KPI——航班准点率，这个指标以飞机舱门关闭的时间为准，飞不飞跟它没关系，那是机场的事情。最后的结果是航空公司的准点率很高，而乘客被关了一两个小时，非常不满意。

局部最优并不代表整体最优。局部指标完成得很好，却牺牲了客户的利益。所以做 KPI 设计一定要以客户为导向，保证公司整体最优而不是局部最优。

职能型组织的公司喜欢什么都按部门来，如评优秀员工、末位淘汰等，KPI 也是各部门制定各部门的，这样最容易违背这个原则。研发部制定研发部的 KPI，就像运动员做裁判员，会导致研发部在制定 KPI 的时候仅考虑如何对自己有利。

再举个例子。

某公司的人力资源部门想制定公司 KPI，就发了一个通知，要求每个业务部门把自己的绩效指标制定出来，每个部门报完指标之后做一个统一的评审，评审确定下来之后作为考核依据。

结果发现，到年底时每个部门业绩都很好，因为 KPI 完成的情况都很好，但公司却快倒闭了。

有一个部门是中试部，负责产品测试和验证。中试部为了缩短试制周期（这是该部门的一个重要 KPI），制定了一个很高的研发转中试的评审标准，研发部必须满足这个标准才能转到中试，否则中试部不接收，这样中试部的试制周期就很短。但是整个产品的开发周期被大大延长了，因为很多问题被挤压到中试的上游环节——研发部了。现在企业竞争非常激烈，拼的是时间，拼的是速度，中试部局部最优导致公司利益受损。

2）先深度理解（注意不是了解）研发业务，KPI 自然水到渠成。

这个原则的违背常见于公司领导（特别是没有做过研发的领导），或者是人力资源部门根据自己对研发业务的肤浅理解，靠逻辑推理来制定 KPI，没有深度理解研发业务，结果得到了自己不想要的结果。

虽然有的公司请专业人力资源咨询公司来帮助自己设计研发 KPI，但多数情况下也会违背这个原则。

因为太多的公司老板认为只要把人力资源做好，就等于把一切都搞定了，于是产生了很多人力资源咨询的需求，从而养活了不少专门从事人力资源咨询的咨询公司，因此导致了每个人力资源咨询项目的激烈竞争。激烈竞争的结果是不管哪个咨询公司拿到这个项目，都已经是很低的价格了。咨询公司为了不亏钱，只好派低成本的咨询顾问（做过技术、懂研发管理和人力资源的顾问价格是很高的），最后设计的 KPI 也是没有基于研发业务的！

因此我们一直主张咨询项目最好不要招标，要面试咨询顾问，咨询顾问最好是做研发出身而且懂人力资源管理的。

举个例子。

有一次，我给一家公司做辅导。到这家公司后不久，我就发现不对头：研发人员挑活儿严重！一般研发人员挑活儿也可以理解，因为大部分人喜欢做有挑战性的工作，如技术含量高的，不喜欢做边角活儿、杂务事。但这家公司的研发高手反而都挑技术含量低的工作，高技术、高难度的工作最后被推给了没有经验的新员工，这样的人力资源配置显然是对公司不利的。

我仔细看了该公司的考核文件,这些文件都是人力资源部根据管理原理制定的,其中有一条引起了我的强烈兴趣:每名研发人员的计划完成率的计算方法。

如果某研发人员同时承担了多个研发任务(前面已经讲过,这在竞争行业是很常见的),不管几个任务,最后的总计划完成率都取最低值。更要命的是,最后的计划完成率直接跟奖金挂钩,完成率高奖金就高,完成率低奖金就低!

我问他们怎么这么设计,他们说是根据管理学中的"木桶原理"设计的,考核最短的木板——计划完成率最低的那个任务。研发人员一定最关心,这个任务完成率高,自然所有任务的完成率就高了。

原来如此!这样,挑活儿的现象就容易理解,技术高手为了多拿奖金,一看难度大的任务就不接:"你有本事开除我呀!"对于这些研发高手,公司也不可能开除,最后就导致了如此荒唐的人力资源配置!

3)用于考核的 KPI 最好为 5 ~ 7 个,而不是越多越好!

举个例子。

我曾经做过文档管理,平时苦口婆心让项目经理和研发人员写文档,可大家都不写。

有一天,某项目经理告诉我:

"你知道我们为什么不写文档吗?因为写和不写都一样!"

我终于知道了,员工不会做我们所期望的,只会做我们所考核的呀!

我得知人力资源部正在制定 KPI，于是也设计了文档完成率，最后人力资源部给这个指标分配了权重：1%，于是我兴冲冲地对项目经理们说："现在要考核文档了，写和不写不一样了。"

哪知道项目经理纷纷表示放弃这 1%，于是我只好又找人力资源部，这次权重变成了 2%，但项目经理们还是选择放弃！

无奈之下，我又找人力资源部，但他们拒绝再增加权重了，理由是已经很高了，超过平均值了。我一问，共有 68 个 KPI。项目经理们说："我们不知道是如何考核的，也不知道往哪里努力，只好听天由命！"这不仅耗费了巨大的管理成本，而且效果极差！

4.3 研发 KPI 制定的捷径

有一定绩效管理知识的人一定知道平衡计分卡。如果我们这里大讲特讲平衡计分卡，那就失去了写本书的意义，因为这方面的书已经很多了。所以这里我们主要介绍研发 KPI 制定的捷径。

一般人会说，这世界上哪有什么捷径？但这里的确有！否则怎会有奇迹呢？

首先，假定我们要开发一款新的汽车，那要不要重新发明轮胎？当然不用！

所以，你如果是做人力资源工作的，那确实应该学习平衡计分卡；但你如果是研发主管，学习平衡计分卡就是重新发明轮胎，根本没必要！

很多公司已经研究了平衡计分卡，并且基于研发业务设计了不少 KPI。我们进行了多年的收集和整理，已经形成了研发 KPI 词典，读者只需要根据公司所处的行业、规模等特点挑选一些适合自己的指标即可。

也许有的读者会问：

"那你前面啰唆那么多什么误区、原则干什么呢？直接写捷径不就可以了？"

我当然也不想写这么多！我以前做技术出身，从来没有写过书，打字跟栽葱一样，现在因为写这本书，都快变成打字员了！为什么啰唆那么多呢？

因为研发人员有个特点：好奇心强！凡事总爱问为什么，不搞清楚为什么就不用、不干。各行业研发主管通常都是技术出身，因此也具备这个特点。所以我才啰唆这么多，主要是让较真的研发主管能真正理解这些指标，从而将其用到自己的工作中以产生价值。

4.4 研发高层的 KPI

绩效管理一定要自上而下，所以首先分解研发高层的 KPI。按照平衡计分卡的方式来分解的指标如表 4.1 所示。

表 4.1 研发高层的 KPI

分解维度	KPI
财务	1. 新产品销售额 2. 老产品毛利增长率 3. 人均毛利
客户满意度	1. 外部 • 产品综合满意度 2. 内部 • 生产 • 市场 • 采购 • 售后服务
内部业务运作	1. 新产品开发周期 2. 研发成熟度 3. 研发投入产出比 4. 新产品面市时间与竞争对手比较 5. 核心技术能力与行业比较
组织学习与成长	1. 综合任职资格提升 2. 员工满意度（气氛+离职率）

4.5 产品线的 KPI

　　产品线在公司是负责带兵打仗的，需要把钱赚回来，所以更多地强调产品规划和市场方面的收益。按照平衡计分卡的方式分解的指标如表 4.2 所示。

表 4.2　产品线的 KPI

分解维度	KPI
财务	1. 新产品销售所占比例 2. 老产品毛利增长率 3. 人均毛利
客户满意度	1. 外部 　● 产品综合满意度 2. 内部 　● 预研：产品技术需求的准确性、合理性 　● 中试：合同完成率 　● 生产：BOM 准确率、ECO 更改率 　● 采购：器件替代、ITEM 增长率、独家供应商 　● 售后服务：资料和培训、产品缺陷维修成本、问题及时解决率、信息文档准确率 　● 市场：市场技术资料与市场人员培训
内部业务运作	1. 规划准确度（当年立项和撤项投入比例） 2. 新产品开发周期 3. 计划完成率 4. 产品成熟度（包括可生产性、可维护性、可靠性、

续表

分解维度	KPI
内部业务运作	可安装性、MTBF 等） 5. 问题及时解决率 6. 产品投入产出比 7. 技术重用度
组织学习与成长	1. 系统研发人员占研发比例 2. 产品经理任职资格提升 3. 产品开发团队满意度

4.6　资源线的 KPI

资源线就是软件部、硬件部、测试部等职能部门，他们主要负责专业技术的积累、人才的培养，向产品团队源源不断地输送人才。按照平衡计分卡的方式分解的指标如表 4.3 所示。

表 4.3　资源线的 KPI

分解维度	KPI
财务	1. 资源线投入产出比 2. 人均承担投资额增长率
客户满意度	1. 产品线 　● 资源外包产品人员及时到位率

续表

分解维度	KPI
客户满意度	• 任务承接产品项目的计划完成率 • 对产品要求的快速响应时间 2. 预研 　• 预研项目人员到位率
内部业务运作	1. 技术开发项目计划完成率 2. 项目开发规范度 3. 软硬件 CMMI 4. 人均完成单板数 5. 投板一次成功率 6. 千行代码 BUG 率 7. 核心技术能力与业界比较 8. CBB 及技术平台被产品采用的次数 9. 开发工具投资比率
组织学习与成长	1. 综合任职资格提升 2. 员工满意度 3. 骨干员工离职率

4.7　预研部门的 KPI

有的公司规模非常大，有专门从事技术预研的部门。根据业界很多企业的经验，一般销售收入的 3%～10%作为研发费用（一般通信行业和制药行业比较高，会超过 10%，但各行业的差异比较大，不应盲目照搬），研发费用的 5%~20% 作为预研费用。

预研有可能做得出来，也有可能做不出来，这是公司应该承担的风险。有时候预研失败了也是一个收获，因为发现这个地方已经没有机会！

按照平衡计分卡的方式分解的指标如表 4.4 所示。

表 4.4　预研部门的 KPI

分解维度	KPI
财务	1. 预算完成率 2. 合作费完成率
客户满意度	产品线：客户满意度
内部业务运作	1. 预研技术水平先进度 2. 产品关键技术需求满足率 3. 预研牵引出的产品比例 4. 技术成果应用率 5. 核心技术增长率 6. 对国内标准的影响度 7. 项目计划完成率 8. 预研成熟度
组织学习与成长	1. 综合任职资格提升 2. 员工满意度

4.8 测试部门的 KPI

有些公司有专门的研发测试部门，保证产品的可靠性和稳定性，强调产品的可测试性设计。按照平衡计分卡的方式分解的指标如表 4.5 所示。

表 4.5 测试部门的 KPI

分解维度	KPI
财务	（同研发捆绑）
客户满意度	1. 内部 • 开发：计划完成率、CBB 建议、设计规范的总结建议 • 生产：生产周期、文件数据的准确性、综合直通率 • 采购：采购 ITEM 增长率和替代率、采购项目及时响应和完成率 2. 外部 • 产品缺陷率、及时齐套发货率、MTBF、可安装性、可维护性、产品工艺
内部业务运作	1. 试制周期 2. 产品系统测试周期 3. 产品研发过程可生产性设计业务处于非关键路径 4. 品质试验能力 5. 工程设计能力 6. 制造设计能力 7. 平台建设

续表

分解维度	KPI
内部业务运作	8. 资源利用率 9. 品质试验核心技术能力 10. 工程设计核心技术能力 11. 制造设计核心技术能力
组织学习与成长	1. 综合任职资格提升 2. 员工满意度

4.9　产品开发团队的 KPI

产品开发团队就是具体承担某个产品开发任务的团队，对产品开发的全过程负责。这个团队的领导，有的公司叫产品经理，有的公司叫研发项目经理。叫什么无所谓，关键是其业务内涵一定要清晰。产品经理要对整个产品的全流程负责，对产品的市场成功负责。市场成功是广义的，有可能赚钱，有可能为其他产品做贡献。

按照平衡计分卡的方式分解的指标如表 4.6 所示。

表 4.6　产品开发团队的 KPI

分解维度	KPI
财务	1. 销售收入 2. 毛利率

续表

分解维度	KPI
财务	3. 税前利润率 4. 累计盈利时间 5. 研发费用预算执行偏差率 6. 目标成本完成率
客户满意度	1. 客户反馈产品缺陷 2. 重点产品故障率 3. 上市产品遗留问题缺陷密度 4. 质量重大事故次数 5. 上市产品问题及时解决率 6. 上市产品逾期问题解决率 7. 单板返还率
内部业务运作	1. 决策评审点准备度 2. 阶段关键交付件缺陷密度 3. 内部问题累计解决率 4. 流程符合度 5. 项目周期、阶段周期及进度偏差 6. 项目进度偏差率 7. 项目进度偏差率（方案到发布） 8. 项目进度偏差率（项目启动到方案） 9. 公共技术模块 10. 规格更改率 11. 产品软件开发生产率 12. 产品硬件开发生产率

分解维度	KPI
内部业务运作	13. 产品逻辑开发生产率 14. 单板综合 DPMO
组织学习与成长	变革进展指标

4.10   研发 KPI 的格式

以上指标均可以按照以下格式来标准定义，如销售收入这个指标。

【指标名称】销售收入（海内外）。

【指标定义】当年产品开发团队管理的产品的销售收入。

说明：

销售收入是公司对外销售产品和提供服务所获得的收入，包括产品收入、服务收入和建造工程收入。

产品收入指为使用户取得设备向用户收取的全部价款，包括设备收入和外配套收入。

服务收入指设备销售合同签订后，为用户提供服务所形成的收入。这包括向用户收取的安装费、运保费、用户培训费等，以及备板备件销售收入、保修期外维修维保收入和专项服务收入。

【测量对象】产品开发团队。

【设置目的】反映产品开发团队管理的产品的销售规模。

【统计部门】财务管理部/成本管理部。

【统计方法】销售收入由核算获得。

【计算公式】

① 月计算公式：当年第×月产品开发团队管理的产品的销售收入。

② 累计计算公式：当年截止报告期各月产品开发团队管理的产品的累计销售收入。

【计量单位】万元。

【统计周期及时间】季度。

如果公司的每个绩效考核指标均按照这种方式进行详细的定义，整个公司的语言就统一了，这样在进行考核、度量、统计、分析的时候就不会有分歧。接下来我们详细讲讲几个重要 KPI 的内涵。

4.11 重要 KPI 的详细讲解

前面详细给大家讲了一些绩效指标。针对每个绩效指标，我们均可以详细地给大家讲解为什么这么设计，设计这些指标是为了解决什么问题，以及如何使用这些指标等。但这样写下去的话，估计这本书就会成为字典了，你也不愿看，我们也太累。所以我们从中挑选几个非常重要的指标进行详细的讲解。

4.11.1　产品的毛利率

一家公司的毛利水平是越高越好还是越低越好呢？很多人会说当然是越高越好，不然就不做了，其实不一定。

某公司有一个产品要立项，这个产品是比照国外的公司做的研发，市场定位比较精准。中国人研发成本很低，所以产品毛利率很高。

立项评审两次没有通过，我们去问老板："这么好的产品为什么立项通不过？"

老板说："你们这个产品的毛利率太高了，要降价。"

老板怎么嫌我们赚钱太多了？老板说："王小二卖豆浆，能卖 1 元，却只卖 0.5 元。"

为什么？薄利多销把市场封住。

举个例子。

某新开发区新建了一些工厂，旁边村子里有个人发现这个机会，就在这里卖豆浆，卖 1 元一杯，赚了很多钱。附近有个居民老张看见了，也支了一个摊，卖 0.8 元一杯。后来卖到每杯 0.6 元、0.4 元、0.2元、0.1 元，最后不要钱，随便喝。一个产业的毛利率太高了，这个产业将会很快陷入恶性竞争。

一家公司规模越大，产品的价格越低。有的公司说："我们公司规模比较大，管理比较规范，服务质量高，所以我们的产品价格高。"

其实公司规模越大，产品成本越低，因为有规模优势和产品优势。

所以，公司产品的毛利水平一定要服务于公司的产品战略。

4.11.2　累计盈利时间

什么是累计盈利时间？如图 4.2 所示。

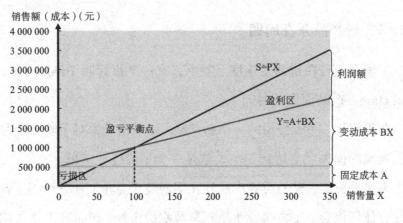

图 4.2　累计盈利时间分析

开发系统级产品或硬件产品的公司，即使一款产品一个不卖也有成本，这就是固定成本。

把这个产品做出来开始卖，每卖一个也有成本，叫变动成本。变动成本就是清单的物料成本（BOM）和基本制造成本（BMC）。

固定成本加变动成本等于产品的总成本。产品的销售价格一般要高于平均成本。

图 4.2 中有个盈亏平衡点，多长时间能够达到盈亏平衡点的销售量和销售额，就叫累计盈利时间。这个点之下的区间叫亏损区，之上的区间叫盈利区。

一家公司的收入增长 10%，成本降低 10%，何时达到盈亏平衡？如果它是一家软件、互联网公司，就没有什么变动成本，所以就要加上公司产品软性科技的含量，因为软性科技的盈亏平衡点是固定的，过了盈亏平衡点之后，卖多少赚多少。

4.11.3　新产品开发周期

中国企业现在拼的是速度、效率，有一个指标叫 TTM（Time to Marketing，产品面市的时间）。

业界统计，一家公司的一个新产品，如果比竞争对手晚 6 个月上市，利润的损失就会达到 38%，这是一个平均统计结果。

例如手机，一家公司的产品开发周期晚于竞争对手 3 个月，就可能没有任何机会。互联网行业是赢家通吃的市场，产品晚上市 2 周或 2 个月，就没有任何机会。

4.11.4　公共技术模块的建立

我们做产品开发非常强调技术积累和平台分享。美国 PDMA 做过调研，调研美国的科技型公司做产品研发的时候，产品的创新程度如何，得到一个指标，发现没有一家公司的产品创新程度超过 28%。

为什么？

因为有 72% 的成熟技术在公司的其他产品和其他项目开发过程中已经完成了技术积累，拿过来就可以直接使用，这就是公共技术模块的建立。

有的公司干脆规定：一个产品的创新程度超过 30%，这个产品在公司里就被直接定义为废品。

为什么？

因为公司有 70%的成熟技术在其他产品和其他项目开发过程中已经完成技术积累，拿过来可以直接使用，这是最低成本的创新。一家公司的公共技术模块有很多，一个算法、一个驱动、一个技术程序、一个结构件都可以作为公共技术模块来用。

4.11.5　规格更改率

规格更改率考核公司需求的变化，因为需求发生变化，所以规格就有变化，规格变化了，方案就有变化（需求就是客户愿意花钱购买的需要；规格就是把产品做成什么样；方案就是如何做成）。

规格更改率到底是越多越好还是越少越好？

你说多好，我天天变；你说少好，打死也不变。

有很多指标是没法考核的，只能度量，用于管理改进。如果非要考核不能考核的度量指标，结果就是南辕北辙。

一名研发经理说："公司定了很多 KPI，公司的项目经理、部门经理会想尽一切办法让指标达到要求，最后导致大家结伙造假！"

这样的情况不少，举个例子。

某软件公司设立一个 KPI，考核开发人员在开发某个模块的时候，BUG 数每月不能超过多少个。考核测试人员也有一个 KPI，测试这个模块的时候每月必须发现多少个 BUG。

结果这家公司的研发和测试总监达成了默契，研发总监跟测试总监说："兄弟，都是出来混饭吃的，测出BUG之后先告诉我，我把它改了就行了，别往上报了。"

"兄弟，我也是来混饭吃的，给我留几个BUG。"

你会发现每个人都很和谐，但是产品和公司不行了。类似这样的KPI不能作为考核指标，只能作为度量指标，作为过程管理的改进。

4.11.6 预算执行偏差率

这个指标一般控制在 5%～10%，超出了肯定不好，公司没钱。节约也不好，为什么呢？

举个例子。

一个同学告诉我，今年在贵州有4亿元的销售收入，老板给了他很多销售费用，他把钱都节约下来了，认为老板一定会表扬他。

结果他去总部述职，待了3天，就灰头土脸地回来了，还被老板臭骂了一顿。老板说："贵州是公司的重灾区，是沙漠，我们派了很多人过去种了很多树、浇了很多水、施了很多肥，你以为今年的 4亿元是你的功劳？我给了你很多钱让你继续在贵州种树、施肥、浇水，你把钱节约下来，但这个地方很快变成沙漠了。所以，该花的钱一定要花，不花效果出不来。"

只有会花钱，才能会赚钱。

4.12　研发 KPI 如何量化

平衡计分卡的发明人卡普兰有句名言："没有度量就没有管理。"这就是说，做到量化才能做到有效管理，否则就是拍脑袋！但不少研发主管会认为研发是创造性的劳动，有很多不确定性，而且研发工作很多是想法，没法量化！

大量公司的实践证明，研发工作完全可以量化，只是很多人没有去调研，只凭个人的所谓逻辑推理，就得出了研发不能量化的结论！

例如，有人认为软件行业是最难管理的，除了一堆代码，其他什么都没有了。软件开发团队工作 1 天的结果是一张光盘，工作 10 年的结果还是一张光盘，好像很难量化，但软件产业处在飞速发展中，软件行业有成熟的管理方法！软件行业的开发完全可以量化，到 CMMI 四级就真的做到量化管理了！其他行业也是可以量化的。

4.12.1　研发 KPI 量化的难点

研发 KPI 量化需要考虑以下问题。

1）具体量化什么，即有哪些度量项。

2）量化成本有多高。

3）量化结果如何使用。

第一个问题上面已经讲了，就是 KPI。选择了需要改进和考核的 KPI 后，具体量化的工作就是收集数据。第三个问题将在后续章节介绍，这里主要介绍如何低成本地收集数据。

首先，量化的成本确实很高。这是很多公司没有做到量化的最大障碍。为什么呢？

我们想想，拿不同的尺子去量公司所有的项目和人，这有意义吗？显然是没有意义的，所以理论上讲应该拿一把尺子去量，这叫统一度量衡。而统一度量衡的成本是很高的。例如，秦始皇要想统一度量衡必须先灭六国，是秦国经历了三十多代国君的努力才灭了六国，然后才统一了度量衡。从这个意义上讲，要想做到量化，必须先建立度量项目和研发人员的唯一标准。

对项目来说，这个标准就是统一的流程。这对土匪式开发的公司来说很困难，因为土匪式开发模式的公司每个项目的具体操作流程都是不同的，所以要收集数据必须要先统一流程，这个工作是极其艰难的。最后要把项目分类，不同类的项目按照不同的流程。

对研发人员来说，这个标准就是前面讲的任职资格，没有任职资格，绩效管理也没法做。

所以研发 KPI 量化的难点是开发流程和任职资格的成功实施，这是前提，如果没有开发流程和任职资格，接下来的环节就无法进行，做了效果也不好。

4.12.2　研发 KPI 数据的收集

研发 KPI 数据的收集有以下注意事项。

1）这是个长期、持续的过程，一定要坚持。

研发人员喜欢追求完美，这无可厚非，在做技术的时候追求完美给他们带来挑战，完成挑战后的成就感让他们愉悦。但做管理工作追求完美有可能让我们走向崩溃，甚至带来灾难。

不少研发主管经常会说："这事情反正搞不定，还做它干什么？"

试想我们大部分人都生活得不那么幸福，但也不能去死呀！我们得活着，追求幸福！

不少研发主管在收集 KPI 数据时因为达不到完美就放弃，于是这项工作就失败了！

数据的收集是个长期、持续的过程。即使不尽如人意，我们还是要坚持这样做！不断进步！量化考核做得很好的公司，其实之前已经痛苦了很多年。

2）要用工具自动收集，而不是靠人手动收集。

尽管我们上面说了要坚持，但是一个人真要坚持不断做一件事情是很难的。特别是低层次的事情不断重复，一般人都很难坚持。

收集数据本身就是个低层次、重复的工作，让谁做呢？

让研发人员做，他不愿意，他喜欢做有成就感的工作！如果你强迫他做，他有逆反心理，不好好做，而如果他意识到这些数据会影响他的利益，那他很有可能会造假，就像有些公司让研发人员自己报工时！

如果你找专业人士收集，就会产生很高的管理成本，就像为了要解决食品安全问题而给每个食品生产机构都至少派一名监督员，那食品就会贵得让我们吃不起了。

凡是让人做的地方，都会掺杂其个人感情、利益等，最后导致数据不准！如果要审计，成本将会更高！

因此，用工具——IT系统来收集数据是最好的选择！实际上不少公司采用Excel来收集数据，已经达到了很好的效果。如果采用专业的研发管理软件就更好了，这样收集的数据还能自动导入绩效管理系统进行关联，避免作假。

3）量化不了结果，就量化过程。

高层领导喜欢只看结果，不看过程。但研发类似赌博，没有一家公司能保证所有项目都成功。

当然也有一些公司号称所有项目都成功了，那这些公司的项目成功定义标准一定有问题，因为苹果公司也做不到这一点。

我们追求研发项目的成功率，量化不了结果就把过程量化，不管结果好坏，我们都可以根据这些数据来分析为什么好、为什么坏，而且可以客观评价研发人员的价值贡献。

4.13 案例：某公司各级部门的 KPI

结合前面章节讲到的研发体系 KPI 分解的方法，本节以某公司的真实情况为例，详细列举各专业部门的 KPI 及考核权重。

4.13.1　业务部门（产品线）指标集

牵引方向	指标名称	考核权重	指标收集 责任部门
满足需求、 及时上市	1. 市场投诉率	5%	市场技术处
	2. 承诺及时兑现率	5%	市场技术处
	3. 新产品销售比重	10%	项目管理部
销售额、人 均毛利	4. 人均毛利	20%	项目管理部
	5. 销售收入（国内和海外）	15%	项目管理部
	6. 毛利率	10%	项目管理部
质量好、服 务好、成本低	7. 客户满意度	5%	项目管理部
	8. 研发可控费用	5%	项目管理部
	9. 客户反馈产品缺陷	5%	项目管理部
	10. 预算执行偏差率	5%	项目管理部
组织流程建 设	11. 团队合作	10%	研发处室
	12. 骨干员工离职率	5%	研发 HR 部

4.13.2　职能部门指标集

1. 软件一部（平台研究部门）

牵引方向	指标名称	考核权重	指标收集 责任部门
销售额、人 均毛利	1. 平台虚拟销售额	10%	软件一部
	2. 项目进度偏差率	10%	软件一部
	3. 规格更改率	10%	软件一部

牵引方向	指标名称	考核权重	指标收集责任部门
质量好、服务好、成本低	4. 产品反馈平台缺陷（包括网上和产品反馈）	40%	软件一部
	5. 软件生产率	10%	软件一部
	6. 预算执行偏差率	5%	项目管理部
组织流程建设	7. 团队合作	10%	研发处室
	8. 骨干员工离职率	5%	研发 HR 部

2. 软件二部

牵引方向	指标名称	考核权重	指标收集责任部门
销售额、人均毛利	1. 平台所占产品的代码比例	30%	软件二部
	2. 项目进度偏差率	10%	软件二部
	3. 规格更改率	10%	软件二部
质量好、服务好、成本低	4. 产品反馈平台缺陷（包括网上和产品反馈）	20%	软件二部
	5. 软件生产率	10%	软件二部
	6. 预算执行偏差率	5%	项目管理部
组织流程建设	7. 团队合作	10%	研发处室
	8. 骨干员工离职率	5%	研发 HR 部

3. 硬件部

牵引方向	指标名称	考核权重	指标收集 责任部门
销售额、人 均毛利	1. 平台使用率	10%	硬件部
	2. CAD 设计进度	20%	硬件部
质量好、服 务好、成本低	3. 平台质量	15%	硬件部
	4. 平台问题处理及时率	10%	硬件部
	5. 技术提供有效性	10%	硬件部
	6. 所有单板 IRR 返修率	10%	硬件部
	7. 新单板总返修率	10%	硬件部
	8. 预算执行偏差率	0%	项目管理部
组织流程 建设	9. 团队合作	10%	研发处室
	10. 骨干员工离职率	5%	研发 HR 部

4. 机械工艺部

牵引方向	指标名称	考核权重	指标收集 责任部门
满足需求、 及时上市	1. 国际认证周期	10%	机械工艺部
销售额、人 均毛利	2. 整机部件成本率	15%	机械工艺部
质量好、服 务好、成本低	3. 客户满意度（结构工艺）	15%	机械工艺部
	4. 产品故障率（整机工程）	10%	机械工艺部
	5. 整机部件来料质量	5%	机械工艺部
	6. 整机部件复用	15%	机械工艺部

牵引方向	指标名称	考核权重	指标收集责任部门
质量好、服务好、成本低	7. 工程需求基线采纳率	10%	机械工艺部
	8. 预算执行偏差率	5%	项目管理部
组织流程建设	9. 团队合作	10%	研发处室
	10. 骨干员工离职率	5%	研发 HR 部

5. 测试业务部

牵引方向	指标名称	考核权重	指标收集责任部门
销售额、人均毛利	1. 测试自动化率	10%	测试业务部
	2. 技术项目完成率	10%	测试业务部
质量好、服务好、成本低	3. 产品故障率	15%	测试业务部
	4. 产品漏测故障率	25%	测试业务部
	5. 产品测试效率提升率	10%	测试业务部
	6. 单板返修率	10%	测试业务部
	7. 预算执行偏差率	5%	计划管理部
组织流程建设	8. 团队合作	10%	研发处室
	9. 骨干员工离职率	5%	研发干部部

6. 制造技术研究部

牵引方向	指标名称	考核权重	指标收集 责任部门
满足需求、 及时上市	1. 工程设计需求基线采纳率 （DFT、DFMA）	20%	制造技术研究部
	2. 制造技术产品应用指数	20%	制造技术研究部
质量好、服 务好、成本低	3. 产品制造质量指标	40%	制造技术研究部
	4. 预算执行偏差率	5%	项目管理部
组织流程 建设	5. 团队合作	10%	研发处室
	6. 骨干员工离职率	5%	研发 HR 部

7. 芯片研究管理部

牵引方向	指标名称	考核权重	指标收集 责任部门
满足需求、 及时上市	1. 芯片登出数量	15%	芯片研究管理部
	2. 芯片平均开发周期	15%	芯片研究管理部
销售额、人 均毛利	3. 量产（ASIC）芯片人均成本 节约额	20%	芯片研究管理部
	4. 新增（ASIC）芯片人均成本 节约额	15%	芯片研究管理部
质量好、服 务好、成本低	5. ASIC 质量完成满意度	15%	芯片研究管理部
	6. 预算执行偏差率	5%	项目管理部
组织流程 建设	7. 团队合作	10%	研发处室
	8. 骨干员工离职率	5%	研发 HR 部

8. 资料开发部

牵引方向	指标名称	考核权重	指标收集责任部门
满足需求、及时上市	1. 资料发货齐套率	20%	资料开发部
质量好、服务好、成本低	2. 资料客户满意度	20%	资料开发部
	3. 资料质量合格率	30%	资料开发部
	4. 预算执行偏差率	10%	计划管理部
组织流程建设	5. 团队合作	10%	研发处室
	6. 骨干员工离职率	10%	研发HR部

4.13.3 职能处室部门指标集

1. 研发HR部

牵引方向	指标名称	考核权重	指标收集责任部门
满足需求、及时上市	1. 重点任务计划完成率	40%	研发HR部
质量好、服务好、成本低	2. 内部客户满意度	30%	研发HR部
组织流程建设	3. 研发骨干员工离职率	30%	研发HR部

2．项目管理部

牵引方向	指标名称	考核权重	指标收集 责任部门
IPD 推行 （50%）	1．IPD-TPM	20%	项目管理部
	2．TPM-Team	10%	项目管理部
	3．TPM-Metrics	10%	项目管理部
	4．TPM-R&D FE	10%	项目管理部
研发预算 （20%）	5．研发预算偏差率	20%	项目管理部
研发物流 （15%）	6．研发物资资源有效使用率	5%	项目管理部
	7．研发物资资源开源节流	10%	项目管理部
组织流程 建设（15%）	8．团队合作	10%	研发处室
	9．骨干员工离职率	5%	研发 HR 部

第 5 章

分级分层的研发绩效管理实践

研发绩效管理一定要自上而下。公司的董事会确定业绩目标后下达给公司经营管理层,经营管理层再把指标分解到研发、市场、销售和技术支持等部门;研发总监再把考核指标分解到产品经理、项目经理、部门经理和研发人员。

这是一个结构化的过程!

很多研发人员不擅长结构化,做事情要么一上去就陷入细节,要么眉毛胡子一把抓。结构化会让我们纲举目张、条理清晰!

5.1　研发绩效管理的层次划分

一家公司的研发绩效管理一定要分级分层，不可能用一套标准去考核所有人，因为公司对不同员工的要求是不一样的。一般我们把公司的研发绩效管理分为 3 个层次（见图 5.1）。

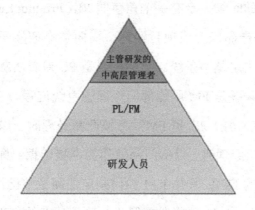

图 5.1　研发绩效管理的 3 个层次

1. 第一个层次：主管研发的中高层管理者

主管研发的中高层管理者一般采用述职报告的方式进行绩效管理。每年 7 月（或 1 月），主管研发的中高层管理者要向公司最高管理者述职，介绍这半年（或 1 年）的绩效。述职报告包括考核中高层管理者的 KPI。

公司研发总裁、研发总监、产品部门总监、各个事业部的研发主管都可以被看作主管研发的中高层管理者。

2．第二个层次：PL/FM

这两个词后面会反复提。什么叫PL，什么叫FM？做研发一般情况下都是两条线，这是研发业务跟其他很多业务的不同之处。

以开发一个电子产品为例，会涉及软件、硬件、测试、工艺、采购等部门，这些部门经理叫职能部门经理（Functional Manager，FM）。开发一个产品的时候一定有一个角色叫PL（Product Leader或Project Leader），就是产品经理或项目经理，横向贯穿产品开发全流程。任何公司做产品一定是两条线：第一条线是PL带着团队成员横向贯穿全流程；第二条线是FM职能部门经理的直线流程。

如何考核公司的PL和FM？考核产品经理时，以产品作为考核依据；考核部门经理时，以部门绩效作为考核依据。具体就是项目团队、职能部门的KPI，具体KPI如何制定前面章节已经讲过。

具体操作时，KPI具体考核哪些？这是动态的、变化的。一家公司在不同的发展阶段，产品在不同的开发阶段，部门在不同的建设阶段，考核的KPI是不一样的。因为做绩效管理是目标导向的，现在关注什么就考核什么，想办法补齐短板。

3．第三个层次：研发人员

很多公司试图给某个研发人员分解KPI，这是进行不下去的。KPI只适合前面两个层次。

为什么？

研发是一个团队工作，某个个体对产品的贡献是有限的，很难把产品的进度、计划、质量下达到某个研发人员。

有些公司人力资源部、研发总监把这个目标分解完之后下达到某个研发人员：这个产品的运作由你负责，这个产品将来要卖多少钱，一定要达到多少指标。研发人员也决定不了，他只是这次产品开发很小的一个分子，所以这个指标对他没有用。所以基层研发人员就不要用 KPI 来考核。这跟销售、生产、采购都不一样，因为研发是一个团队，由很多人协同作战。

考核研发人员一般采用什么方式呢？采用个人绩效承诺。也就是考核某个研发人员在某个周期内具体的业绩：工作任务是哪些？什么时间开始？什么时间结束？所以对研发人员的考核就变成了具体工作任务和工作计划的完成情况。

研发人员的工作任务来自哪里？这是由项目经理和部门经理分配的，一般包括以下 3 个方面。

1）工作结果：在考核期之内要做什么事情，什么时间开始，什么时间结束，完成质量如何。

2）工作过程：研发人员应强调做事的规范性和严谨性。

3）团队合作：对这个组织有什么贡献。

通过这 3 个方面，能够比较系统、全面地分解研发人员的绩效目标。

因此，研发绩效管理的 3 个层次——中高层管理者、PL/FM、研发人员，各层级之间具有很强的逻辑关联性。

5.2 研发中高层管理者如何进行述职

根据我们的经验，一家公司里主管研发的中高层管理者，一般情况下采用的是述职报告的方式。

每年的1月和7月，研发中高层管理者一般需要向公司的最高管理团队述职，讲一讲这半年和这一年的绩效做得怎么样。有些公司需要提交两份报告：一份述职报告，一份辞职报告。辞职报告不是辞职离开公司，而是辞去现有的工作岗位，让更有水平的人担任。

这样的公司拥有"干部能上能下，工资能升能降"的企业文化，如果不这样做，加入公司的研发人员会感觉没有希望。一家公司里后加入公司的研发人员水平会越来越高还是越来越低？应该是越来越高的。

如果越来越低，说明公司的人力资源部门有问题，不愿意把优秀的人员招到公司。因为随着公司的水平越来越高之后，公司的品牌知名度、信誉越来越高，后加入公司的研发人员水平也应该越来越高。如果不能形成干部能上能下的文化，很多研发人员在公司里会感觉没有希望。

有的公司没有这种企业文化，那在尝试时就要注意控制风险！所以对中高层领导的绩效管理要慎重，一定要结合企业文化、价值观、战略来综合考虑！

5.2.1　研发中高层管理者述职管理的误区

不少公司里中高层管理者述职管理缺乏应有的严肃性和规范性，往往将述职会议开成了：

- 诉苦会。上半年怎么辛苦，下半年准备怎么样更加辛苦
- 故事会。大家在几个笑话、故事中一笑而过
- 表功会。每个人都做得很好，公司却不行了
- 和谐会。你好、我好、大家都好

5.2.2　研发中高层管理者的 KPI

第 4 章已经详述如何设计研发中高层 KPI 库，这里我们结合公司的具体情况讲讲如何挑选、使用这些 KPI。

研发中高层管理者的 KPI 一般情况下 5 ~ 7 个就可以了。下面对几个常用的 KPI 进行详细介绍，通过这些指标可以设计出研发体系的奖金池计算公式。

1. 新产品的销售额占整个公司销售额的比重

我们的经验：在竞争行业，新产品的销售额占整个公司销售额的比重达到 25% 左右的公司才能活下来，因为一款产品生命周期超过 4 年的不多。

研发是干什么的？源源不断地开发新产品。

很多公司采用压强原则，每年把公司销售收入拿一部分出来做研发费用，交给研发老总，这个钱必须花完。这样才能保证新产品源源

不断地推出。如果没有这个压强原则，研发为了省钱，导致老产品卖不动时新产品还没出来，公司青黄不接，悔之晚矣！

什么叫新产品？国家规定产品开发出来3年之内就是新产品，但3年还是太长。一般情况下我们以1年为周期，今年开发出来卖1年，明年就是老产品了。

注意，各公司所处行业不同，差异太大，需要根据所在行业定义，不要照搬国家规定。

2．老产品的毛利润

研发除了开发新产品之外，还要不断地优化公司老产品设计，降低老产品的成本，让老产品能够焕发青春，做好老产品的生命周期管理。

3．研发人均利润的增加和人工成本的降低

把公司利润总额除以研发人数就得到公司的研发人均利润。我们的经验：研发人均利润每年增长10%。

为什么？

因为GDP每年增长7%，CPI很高，员工需要涨工资。前面提到，涨工资的钱一定来自公司的利润增长，如果公司的利润没有增长，靠老板掏钱涨工资的话，结果是员工收入不断增长，老板收入逐年下降，心理会失衡，后果很严重！所以员工涨工资的钱一定是产品赚的钱。

我们的经验：研发人工成本每年降低2%。

有人说，不是研发人员涨工资了吗？应该是成本增加，怎么会降

低呢？这不是自相矛盾吗？

我们的经验：可以降低。如果一家硬件公司研发人员的工资成本占整个公司研发费的 40%～50%，软件公司占 70%～80%，可以通过管理优化，如内部不同产品、不同项目的技术共享、积累、平台的构建来降低研发成本。

例如，去年硬件研发人员开发的一个结构件，只为 1 个产品服务，卖 10 万元；今年被 5 个产品反复使用，卖 100 万元，成本不就降低了吗？去年软件人员写了 1 万行代码，只为 1 个产品服务，今年这个代码能够被 5 个产品反复使用，成本不就降低了吗？这是公司研发管理水平提升带来的价值。

因此，研发人均利润增长是扩张机制，研发人工成本降低是约束机制。

4．管理指标

研发中高层管理者是研发管理的第一责任人，一定要有这个指标，否则谁也不会关心。这个指标跟第一个指标不同，跟行业无关，跟公司发展阶段有关。

生存期公司一般是土匪式开发，先解决产品能否出来的问题，不用考虑太多管理指标。

发展期公司就要考虑如何变成正规军，因此要有明确的管理指标，如研发管理体系的建设与优化、人才的培养。

管理指标可以从以下这几个方面来设定：

- 项目经理的培养

- 系统研发人员的培养

- 技术骨干的培养

- 物料清单的准确率

- 千行代码的 BUG 率

- 开发流程的建设和优化

- 项目管理体系的建设和优化

- 开发指南的建设

- 重要研发管理项目，如 CMIMI 的推进

5. 因研发而造成的不可回收的服务费用

公司开发了很多新产品，产品开发之后推向市场，结果产品出了很多问题，售后服务人员一天到晚飞赴全国各地解决产品质量问题。要把这个费用统计出来，将来从研发奖金里面扣除。

为什么？

这是研发工作没做好造成的。

举个例子。

某公司召开会议，给研发人员发"奖金"。该公司有一个仓库叫废品库，全部是开发报废的产品。单板上的芯片 200 元一片，报废了卖出去 0.2 元一斤；结构件开发出来去开模的时候，模具设计很贵，20 万元一次，模具设计失败报废的时候 0.2 元一斤……报废品在公司里堆积如山，损失上亿元。

老板一看，这么多损失怎么办？你们的杰作，你们怎么办？

所以老板想了一个办法，什么办法？给研发人员发"奖金"。

"张三，这个单板是你做的，开发这个单板的时候你艺高人胆大，不使用公司知识库，盲目创新，导致这个单板开发失败。一共有 30 个单板报废，损失 30 万元，要你赔你也赔不起，也不可能让你赔，因为公司是允许研发人员犯错误的。公司如果不允许研发人员犯错误，就没人干活了，因为只有不干活才能不犯错误。但是我们不允许研发人员犯同样的错误，所以从这些单板里拿出一块作为奖品发给你，摆在桌子上，以后你开发单板的时候再艺高人胆大，这就是你的奖品。"

做单板的人领完奖品走了，做结构件的呢？把结构件发给他，摆在桌子上或挂在墙上，以后他再开发结构件的时候，对客户的工程现场勘测不了解，这就是他的奖品。

那做软件的呢？给他打印两行代码，没什么感觉，刻张光盘告诉他这是他的软件，他还以为是周杰伦的歌。那发什么呢？对软件研发人员就发机票，因为软件出问题之后，很多售后人员在天上飞。有多少人在天上飞？没有调查就没有发言权。当时该公司有一个人专门负责订机票，老板询问每天有多少人订机票，一问吓一跳，一天有200多名研发人员买机票飞赴全国各地解决问题，导致很高的差旅成本。所以给软件研发人员发机票，以后回去看看，一次把代码整好。

这次会议引发了研发人员非常深入的思考。作为一名研发人员，究竟能不能把产品一次性做好？

讲了以上考核研发中高层的 KPI 后，就可以形成公司研发体系的奖金计算公式（需要注意的是，这是研发体系的奖金，而不是研发老总个人的）。

研发体系的奖金包=（$S_1 \times K_1 + S_2 \times K_2$）$\times Q + M_1 \times K_3 - M_2 \times K_4$。

S_1：新产品销售额。

S_2：老产品的毛利。

Q：综合调解系数。

M_1：研发降低的成本。上一年我们开发出一款手机，每部成本是 400 元，今年水平提高了，降为 300 元，每部手机降了 100 元的成本，销售了 1 万部，这 100 万元就是物料成本的降低额。研发需要分享降低成本带来的收益。

M_2：因研发而造成的不可回收的售后服务费用。

这个奖金计算公式是价值导向非常明显的计算公式。

$S_1 \times K_1$：新产品的销售额乘以奖金系数，鼓励研发开发新产品。

$S_2 \times K_2$：研发要分享老产品的收益。

$M_1 \times K_3$：鼓励研发降低成本。

$M_2 \times K_4$：鼓励一次性把事情做好。

这里面有一个减号，有可能算出来是负的，发现忙了一年不但没有奖金，还欠公司的钱。老板不会这么做，那就调整 K_1、K_2、K_3、K_4，其中 K_1 远远大于 K_2，K_2 逐年降低。

为什么？

K_2 是老产品的奖金系数。如果研发人员开发的某款新产品非常成功，后面几年持续赚很多钱，这样他们还有没有动力开发新产品？没有。

　　读者有没有注意到，奖金算得越高，老板越高兴，形成了老板和研发人员的利益共同体。奖金算得越高，老板越高兴，因为公司的销售提高了，毛利提高了，研发管理水平提高了，研发损失降低了。有的公司是年初确定一个奖金包，做得好是这么多，做得差也是这么多，这样研发就没有积极性了。这里的奖金计算公式上不封顶，下不保底，可以很好地激发研发体系的斗志和激情。

　　以上奖金计算公式适合产品型公司。项目型公司不这样算，因为需求已经很清楚了，你一签单之后就有钱了，然后有预付款。你根据当初预定做项目的利润额，从里面抽一部分做奖金就行了。

　　产品型公司比较复杂，开发的时候需要竞争定位、价值分析、产品规格，然后组织研发、测试、验证、上市、试销、规模销售，一般是两三年以后的事情，所以说研发体系的奖金一般是前人栽树后人乘凉。研发人员拿到的奖金是谁赚的？一定是以前的产品赚的。现在开发的产品要想赚钱，一般是两三年之后的事情。

　　通过赚钱的产品把奖金算出来之后，在公司赚钱的产品和不赚钱的产品之间有一个合理的分配，就相当于有一个池子，这个池子里面有很多水龙头已经打开了，往里边放水，这个打开的水龙头是已经赚钱的产品。这个池子下面还有很多漏斗，还在漏水。池子里的奖金要分给赚钱的产品和不赚钱的产品。只要做的项目是公司要求的，按照公司的 KPI 考核达到要求就有奖金，否则就形成马太效应，哪个产品赚钱哪个牛，哪个产品不赚钱哪个就不牛。

有人说，今年我们的奖金很多，是不是今年一年发完呢？这不一定！具体怎么发，请看第6章。

5.2.3 研发中高层管理者述职管理的模型和内容

研发中高层管理者除了 KPI 之外还有很多其他述职内容，述职报告通常包括以下内容：

- 不足与成绩
- 市场数据及竞争对手比较
- KPI 完成情况
- 核心竞争力提升的策略与措施
- 客户与内部客户满意度
- KPI 承诺
- 其他部门意见反馈

述职报告一般为 30 ~ 50 页。

首先谈不足，不足不要谈太多，就谈三点。因为研发中高层要给老板述职，老板只能记住一二三。高层领导讲话一般都讲三点，如三民主义、三个代表、三讲教育。讲 5 点以上的是秘书，能够把这 3 点讲清楚，已经很不错了。把这 3 点不足记下来，明年最好没有。

再谈成绩，同样也是 3 点。这 3 点成绩是可以在公司里成功复制的。

其他内容这里就不做详细解释了。

述职报告完成后，就开始做绩效评价。

如果业绩目标超过基本目标，达到挑战目标，管理行为符合要求，就是 A——杰出。

如果目标完成度大于等于 90%，管理行为符合要求，就是 B——良好。

如果目标完成度大于等于 70%，管理行为基本符合要求，就是 C——正常。

如果目标完成度小于 70%，管理行为不符合要求，那就批准他的辞职报告，让更有水平的人做这件事。

中高层的 D 和员工的 D 不同，员工的 D 是需改进，中高层的 D 就是下岗。

5.2.4　研发中高层管理者述职管理的原则

研发中高层管理者的述职管理原则：

- 以责任结果为导向，关注最终结果目标的达成
- 坚持实事求是的原则，注重具体实例
- 强调以数据和事实说话
- 坚持考与评相结合的原则，考绩效、评任职，面向未来绩效的提高

5.2.5　研发中高层管理者述职管理的操作

表 5.1 是一家公司高层述职的时间安排，供参考。

表 5.1　公司高层述职安排

第一季度 （1—3 月）	第二季度 （4—6 月）	第三季度 （7—9 月）	第四季度 （10—12 月）
• 1月上旬，各副总裁、事业部总经理、人力资源部、计划财经部向公司总裁进行年度述职 • 1月15日，提交公司年度财务报告	• 6月，实施公司客户满意度调查 • 6月，实施内部客户满意度调查	• 7月上旬，各事业部总经理向经营副总裁述职 • 7月下旬，公司总裁向董事会述职 • 8月上旬，二级部门主要负责人及各事业部总经理述职	• 编制下年度公司级和事业部级业务规划和预算 • 12月，实施公司客户满意度调查 • 12月，实施内部客户满意度调查
• 批准公司及各部门业务规划及预算		• 7月10日，提交公司中期财务报告 • 年中调整公司及各部门的业务规划和预算	

有些细节需要注意：中高层述职报告，建议采用 PPT 的方式。有很多公司喜欢写 Word 文档，一写 Word 文档就洋洋洒洒开始抒情，看了半天找不到重点。

我们的经验：越高层的领导越容易当"白痴"和"文盲"。述职报告的时候使用 PPT，多用柱状图、饼图、折线图。

我们的经验：研发中高层领导述职报告不要在公司里做。把中高层领导带出去，找个度假村，封闭起来做述职报告。开述职报告会的

时候，述职者讲他的业务内容、KPI 至少要 40 ~ 60 分钟，听众提问
至少 40 ~ 60 分钟。

5.3　PL 产品经理（项目经理）如何考核

前面章节讲研发业务时，只讲了事情，没讲那些事是谁干的。这
里讲讲组织。

产品经理和项目经理的关系和区别：项目经理是个广义的概念，
我们通常所说的是研发项目经理，他们只管研发。那么谁对整个产品
成功的全流程负责呢？这个角色就是产品经理，他要对产品的市场成
功和财务成功负责（见图 5.2）。

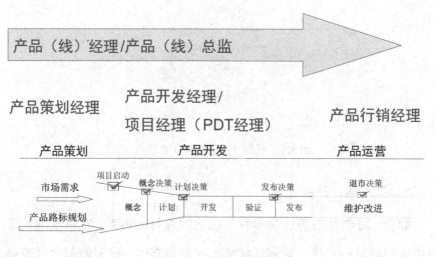

图 5.2　产品全流程管理示意图

大部分公司只有项目经理，没有产品经理这个角色。没有产品经理的公司，其实老板就是产品经理，是他在协调这个产品的所有事情。所以产品经理这个角色是客观存在的，只不过这些公司没有把其明确定义为一个职位。

很多公司里由于没有产品经理全流程负责制，让研发项目经理管研发，市场项目经理或市场经理管市场营销，这叫"一加一"的方式。这两个人最后要变成一个人，如果不变成一个人，这两个人有矛盾谁说了算？他们会吵架，吵架的时候老板说了算，最后实际上老板成了产品经理。

这里我们简单讲一下产品开发团队的构成，共有 3 个层次（见图 5.3 ）。

图 5.3　产品开发团队的 3 个层次

1. 第一层：产品经理

职责：对产品市场成功和财务成功的总目标负责。在研发绩效管理中按照项目的进度、计划、质量、成本和交付，向职能部门经理提供项目团队成员的绩效。

2. 第二层：项目核心成员

职责：管理项目的计划，代表职能部门做决策，协调沟通项目团队的活动，向职能部门经理提供外围成员的绩效实录。

3. 第三层：基层的研发人员

职责：就是干活，把事做完就可以了。

看到这里，有人可能会有些摸不着头脑。第一层产品经理的职责，那就是公司项目经理的事呀！

这就充分说明该公司整个开发管理体系是有问题的。什么问题呢？

让一名没有权力的、只管研发的项目经理，承担了跨部门管理的产品经理的职责，那最后的结果一定是这名项目经理抱怨：有责无权，还被老板责难，成了替罪羊。

更可怕的后果是：很多公司还误以为这名"假"项目经理是"真"的，把所有的项目信息全部向他汇报和沟通，但决策的时候他说了不算，最后某领导过来决策。因为该领导不了解项目信息，变成了"昏君"。

根据我们的经验，绝大部分中国企业在开发组织这块都是混乱的，更可怕的是他们还误以为自己很清晰。最可怕的是基层员工搞清楚了，领导还不清楚，造成了基层员工整天抱怨。

产品经理对整个产品的全流程负责，对市场成功和财务成功负责；项目经理只对研发负责。

考核产品经理和项目经理可以根据公司的特点来决定，如果项目比较少，就按照项目的里程碑来考核；如果公司的项目非常多，就应该按照固定周期来考核，一般均按照季度来考核。

产品经理和项目经理的 KPI 第 4 章已经详细列出，但是产品开发每个阶段考核的重点不同，具体每个阶段有哪些 KPI，如图 5.4 所示。

整个项目	概念阶段	计划阶段	开发验证阶段	发布阶段	生命周期
财务方面 • 收入 • 利润 • 项目预算执行偏差率	• 项目预算执行偏差率	• 项目预算执行偏差率	• 项目预算执行偏差率	• 项目预算执行偏差率	财务方面 • 收入 • 利润 • 项目预算执行偏差率
客户满意度方面 • 客户满意度 • 市场份额的增长	• 技术评审指数	• 技术评审指数	• 技术评审指数	• 技术评审指数	客户满意度方面 • 客户满意度 • 市场份额的增长
内部业务方面 • 上市时间（TTM） • 盈利时间（TTP） • 业务计划对决策支持度 • 流程执行符合度	• 项目计划完成率 • 业务计划对决策支持度 • 流程执行符合度	• 项目计划完成率 • 业务计划对决策支持度 • 流程执行符合度	• 项目计划完成率 • 业务计划对决策支持度 • 流程执行符合度	• 项目计划完成率 • 业务计划对决策支持度 • 流程执行符合度	内部业务方面 • 上市时间（TTM） • 盈利时间（TTP） • 业务计划对决策支持度 •流程执行符合度
学习成长方面 • 组织气氛 • 项目过程的记录与总结	• 组织气氛 • 项目过程的记录与总结	• 组织气氛 • 项目过程的记录与总结	• 组织气氛 • 项目过程的记录与总结	• 组织气氛 • 项目过程的记录与总结	学习成长方面 • 组织气氛 • 项目过程的记录与总结

图 5.4　产品开发各阶段的 KPI

与产品开发流程和研发项目管理这两个要素不同,产品开发的组织运作是很难懂的,根据我们多年的经验:

- 如果你看了当时就觉得看懂了,那你肯定没懂
- 如果你过了一段时间再回顾,发现确实没懂,那是真没懂
- 如果你再过一段时间觉得有点懂了,那你还是没懂
- 如果你又过一段时间发现开始有点明白了,这个时候你可能真的开始懂了

了解这个专业的知识要经过这么一个反复的过程。

5.4　部门经理如何考核

部门经理有 3 件重要的事情:一是培养优秀的人,二是向产品开发团队输送人才,三是做好技术积累。

在矩阵型组织中,职能部门经理是产品线和资源线这两条线中负责资源线的,避免直接管项目,但保证提供具备专业技能的研发人员。如果职能部门经理也直接管项目,就是假矩阵,就回到了职能型组织和项目型组织。

研发总监制定的战略规划分解为对每个部门的要求，这就是部门经理考核的一般依据。不同部门的考核指标是不一样的，因为不同部门在公司的成长阶段是不一样的。

每家公司根据自己的成长阶段和项目需要，从第4章的KPI库中选择合适的指标来考核，一般5~7个指标就行。

5.5　研发人员如何考核

第3章中的操作流程是以研发人员为对象的。在前两个层次中，第一个层次有较大不同。

第二个层次也是这个流程，但是要用KPI来设定绩效目标。

第三个层次研发人员就是这个流程，但是不用KPI，用个人绩效承诺来设定绩效目标。

下面用一个实例把研发人员如何考核串起来（见图5.5~图5.8）。

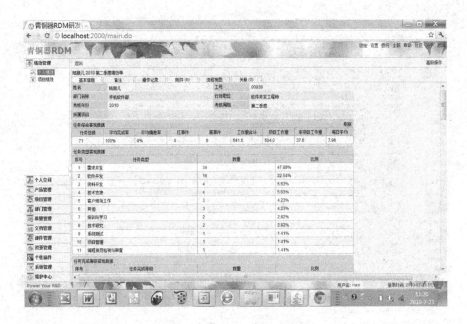

图 5.5　研发人员考核示例 1

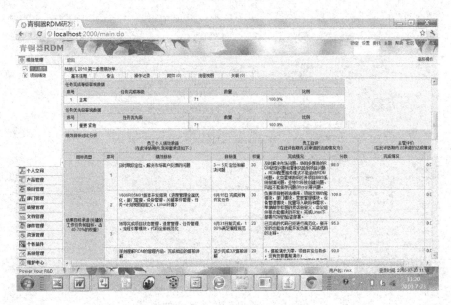

图 5.6　研发人员考核示例 2

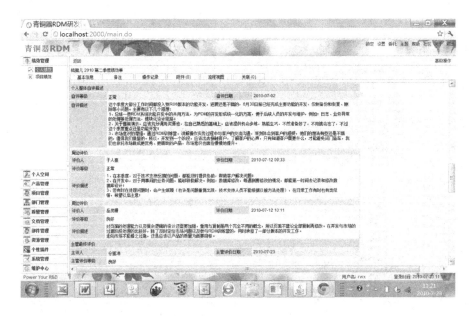

图 5.7　研发人员考核示例 3

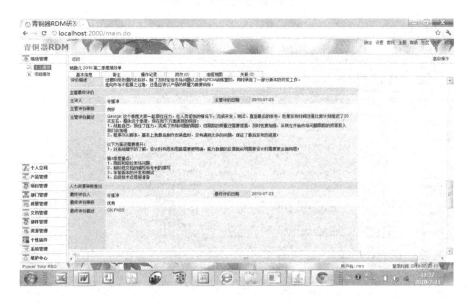

图 5.8　研发人员考核示例 4

5.6 案例：某公司的研发绩效考核制度

结合前面章节的内容，为了让读者更好地理解研发绩效管理在公司的实操，特分享一家公司的研发绩效管理制度。

名词解释：

PAC——Product Approve Committee，产品审批委员会。

PDT——Product Development Team，产品开发团队。

PBC——Personal Business Commitment，个人绩效承诺。

DCP——Decision Control Point，决策评审点。

《某公司研发绩效管理制度》

第一章 总 则

【目的】

为规范研发团队的绩效管理，并制定有针对性的激励政策，特制定本制度。

【适用范围】

本制度适用于跨部门运作项目的 PDT 经理、PDT 核心组成员、PDT 扩展组成员、职能部门经理（职能部门最高主管）、PAC 成员及研发项目所涉及的职能部门其他主管。

第二章 指导原则

【理念】

1. 职能部门人员的工作分为本部门工作和跨部门团队工作，没有派出的概念。

2. 基于员工的实际工作做出评价，而不是基于其在本部门的工作时间进行评价。

3. 职能部门主管要对部门成员进行绩效管理，季度考核与任职资格评价相结合。季度考核时，职能部门主管作为教练员，强调提升下属能力，推动下属更好地达成目标；到年终评价时侧重为裁判员，强调评价的准确性和一致性。

【原则】

1. 结果导向原则。引导员工用正确的方法做正确的事，时刻关注绩效承诺的达成情况。

2. 360度考核原则。考核信息要逐步实现全方位的收集，考核结果要充分考虑相关人员的意见与评价（相关主管、上下接口工作人员、部门等360度调查意见）。

3. 绩效关联原则。团队、主管、员工是不可分割的利益共同体，团队的整体绩效影响团队成员的绩效。

4. 阶段性原则：绩效目标按阶段进行层层分解，考核其阶段性目标的达成情况。

5. 客观性原则。注意定量与定性相结合，强调以数据和事实说话。

第三章 考核形式、对象及关系

【考核形式】

考核分为项目阶段考核和基于季度/年度的考核两种形式。PDT经理、PDT核心组成员、PDT扩展组成员同时参加以上两种形式的考核。

1. 项目阶段考核。对于参加项目且投入精力超过 10%的角色，根据其绩效承诺，对阶段性成果进行考评，一般按项目决策评审点进行考核，考核结果和意见主要作为职能部门主管考核的重要参考依据。

2. 基于季度/年度的考核。根据公司统一安排的考核时间对员工进行考核，一般由职能部门参考项目的阶段性指标，按季度或年度对员工进行考核。

【考核对象及内容】

根据成员参与项目的程度不同，可将考核对象分为以下四类，适用于《××公司员工个人绩效考核表》，对应的考核内容作如下原则性区分。

1. PAC 和职能部门经理。采取积分制考核。PAC 主要针对 DCP（决策评审点）的执行情况，职能部门经理主要针对 PDT 的支持程度，从数量和质量两方面进行考核，考核结果与其年中、年度述职挂钩。

2. PDT 经理。考核是基于个人承诺进行的，考核结果反映个人承诺的达成情况。

3. PDT 核心组成员。考核是基于个人承诺进行的，主要考核个人承诺的达成情况（PDT 经理、PDT 核心组成员统称为 PDT 主管；职能部门经理指的是职能部门最高主管）。

4. 扩展组成员。考核是基于个人承诺进行的，主要考核对项目目标的支持和支撑职能部门 KPI 的完成情况。

【考核关系】

1. 项目阶段回顾（基于项目阶段）。

项目开始前团队成员共同做好绩效承诺书，项目阶段的考核结果和项目意见作为职能部门考核的重要输入。

角色 ＼ 责任人	责 任 人
PDT 经理	PAC
PDT 核心组成员	PDT 经理
扩展组	PDT 核心组成员

2. 职能部门考核（基于时间：季度和年度）。

职能部门直接主管根据项目组提供的项目阶段考核结果及意见，按公司比例进行均衡，整合出考核结果。

角色 ＼ 考核者		考核意见提供者	一级考核者	二级考核者
PDT 经理		PAC	职能部门直接主管	职能部门主管
PDT 核心组成员		PDT 经理	职能部门直接主管	职能部门主管
PDT 扩展组成员	全职在一个项目	PDT 核心组成员	职能部门直接主管	职能部门主管
	分阶段全职在多个项目	各项目的 PDT 核心组成员	职能部门直接主管	职能部门主管
	同时在多个项目兼职	各项目的 PDT 核心组成员	职能部门直接主管	职能部门主管

3．PAC 和职能部门经理的考核。

进行积分制考核。PAC 主要针对 DCP（决策评审点）的执行情况，职能部门经理主要考核其对 PDT 的支持程度。

角　色　＼　考核者	考 核 者
PAC 成员	PAC 主任
职能部门经理	PAC

第四章　考核程序

绩效管理包括绩效计划、绩效辅导、考核及沟通 3 个阶段。

1．绩效计划阶段：对绩效目标做出承诺的阶段。

期初，主管与员工结合当前的工作重点，经充分沟通，共同确定员工的绩效目标与改进点。绩效目标的设置是牵引整个工作前进的关键！

在具体内容上，绩效考核目标包括以下 3 个方面。

1）绩效目标。指员工从职能部门主管和项目主管处分解的工作目标。当面对一项大的工作时，可以列出阶段性工作目标。

2）关键工作。指员工为达到绩效目标所必须做的工作。关键工作必须是明确和有时间限制的。

3）团队协作。指如何建立良好的团队来促进绩效目标达成和关键工作的完成。

2．绩效辅导阶段。

主管需辅导员工以达成绩效目标，同时收集及记录员工行为/结果的关键事件或数据。在该阶段，主管应注重在部门内建立双向沟通制度，包括周/月例会制度、周/月总结制度、周工作日志制度等。事实记录是考核者对员工进行评价的重要参考依据。信息来源详见第5章。

3. 考核及沟通阶段。

在季度或年末，主管综合收集到的多方面信息，考虑所有的相关投入（包括员工的最终结果、表现与最终结果的关系、同等或相近工作职责与工作承诺的员工的行为等方面比较），客观公正地评价员工；并在经过充分准备后，就考核结果与员工沟通。

PDT 主管需要根据该员工项目目标的达成情况写出考核意见，当该员工全职在该项目中工作时，PDT 主管可以根据考核等级的定义给出该员工建议的考核等级，由职能部门主管在充分考虑 PDT 主管意见的基础上给出最终考核结果。

第五章　考核、反馈、申诉责任

【考核责任】

PDT 经理、职能部门主管、相关人员和员工共同承担考核责任，一级考核者综合多方提供的数据信息客观做出评价。原则上，一级考核者对考核结果的公正、合理性负责；二级考核者对考核结果负有监督、指导责任；相关人员负有提供客观事实依据的责任。

【反馈责任】

一级考核者必须就考核结果向被考核者进行正式的面对面的反馈沟通，内容包括肯定成绩、指出不足及改进措施和共同制定下一阶段的工作目标。对于考核为"需改进"的，还需特别制订限期改进计划。

【申诉责任】

1. 反馈时，被考核者须在考核表上签字，签字只表示知晓考核结果，不一定表示认可。

2. 若被考核者不认同考核者对自己的评价，可在考核表"员工意见栏"表述。二级考核者有责任就员工的意见与一级考核者沟通，给出处理意见。

3. 被考核者如果对二级考核者的处理意见仍有异议，可向干部部（处）或人力资源部申诉。申诉的受理者需在受理日起 10 个工作日内做出处理，并将处理意见反馈给申诉人。

第六章　考核信息来源

主管可以征询员工对信息来源的意见，共同确定信息搜集的渠道和方式。一般有以下几种。

1. PDT 主管提供《××公司（项目阶段）员工绩效意见反馈表》，记录项目阶段的考评结果（在项目的里程碑或大的检查点上的评价）及项目意见（从项目的里程碑或大的检查点结束到季度考核点之间员工的事实记录）。

2. 相关部门（内外部客户）或同一团队成员提供《××公司（项目阶段）员工绩效意见反馈表》，给出该员工协作方面的反馈意见或证明材料。

3. 员工的定期工作总结及日常汇报材料。

4. 主管与员工沟通过程中积累的有关信息。

第七章 考核结果及其应用

【考核结果及比例要求】

1. 各等级的参考定义如下。

1）A 杰出：各项指标的达成远远超出了期初共同承诺的目标，并且最终结果对组织的目标具有明显的积极影响。

2）B 良好：各项指标都达到承诺要求，部分指标的达成超出了期初共同承诺的目标。

3）C 正常：各项指标都达到承诺要求。

4）D 需改进：部分指标未达到承诺要求，需要及时的、相当大的和持久的提高。

2. 考核等级比例要求。

1）项目阶段考评结果严格按照项目各阶段的预定目标达成情况做评价，比例仅作参考，不作严格限定。

2）基于季度/年度的考核结果按正态分布要求——杰出 10%；良好 40%；正常 45%；需改进 5%。

具体操作可按照以下方式进行：

- 根据部门组织绩效的考核等级确定该部门的考核等级分配比例是否做调整

- 根据员工的绩效目标达成情况与衡量标准进行比较，确定员工的考核等级

【考核结果应用】

1. 阶段考核结果。

项目组根据项目的阶段考评结果（在项目的里程碑或大的检查

点）发放项目阶段奖，团队成员的阶段奖与团队绩效及个人阶段考核结果直接挂钩。团队项目阶段目标未达到，所有项目成员都没有项目阶段奖。

具体操作由 PDT 经理制定分配方案，PAC 审核批准后实施。

2. 季度考核结果。

季度考核结果可影响员工的季度浮动奖，季度浮动奖由职能部门根据本部门考核指标体系及奖金方案的成熟度，自行建议实施日期，报总裁办公会议评审后具体执行。

参加跨部门团队工作的人员可同时享有项目阶段奖及部门季度奖。季度奖取决于职能部门有无实行季度奖，项目奖取决于项目团队绩效及员工的个人绩效。

3. 年度考核结果。

个人年度考核结果与组织绩效共同影响员工的个人年度奖。

第八章　附　则

【解释、修订和废止】

本制度的解释、修订和废止权归人力资源管理部。

【生效】

本制度自签发之日起开始生效。

本制度包括附件：

《××公司员工个人绩效考核表》

《××公司员工限期改进计划表》

《××公司（项目阶段）员工绩效意见反馈表》

××公司员工个人绩效考核表

年第　　　季度

姓名		工号		角色/职位		部门	

<table>
<tr>
<td rowspan="6">计
划
栏
—
个
人
承
诺</td>
<td colspan="2">计划栏——个人承诺

　　　在此评估期内，我郑重承诺：</td>
</tr>
<tr>
<td colspan="2">赢得目标（WIN）

总目标：

阶段性要点：</td>
</tr>
<tr>
<td colspan="2">关键工作（EXECUTE）

效果：</td>
</tr>
<tr>
<td colspan="2">团队合作（TEAM）：

效果：</td>
</tr>
</table>

评价栏──直接主管意见	评价栏──直接主管评价 　　　在此评估期内，该名员工承诺的达成情况为： 　直接主管意见：（总结该员工已达成的业绩及表现出的行为与技能，并提出改进建议） 　考虑到所有影响因素，选择最贴切地描述该员工在过去这一时期内对于业绩达成的选项： □ **杰出** □ **良好** □ **正常** □ **需改进**──主管在评价结束时必须与下属共同订立《绩效改进计划表》 员工：　　　　　　直接主管：　　　　　　日期：
员工意见	员工意见：（员工对于评价意见及评价等级阐述自己的看法及署名） 员工：　　　　　　日期：
二级主管意见	二级主管意见： □ 同意 □ 不同意（如果不同意，需要与一级主管沟通协商决定） 签名：　　　　　　日期：

××公司员工限期改进计划表

员工姓名		员工工号		填表日期	
角色/职位		任职时间		所在部门	

计划栏——绩效改进计划	计划栏——绩效改进计划				
	主管应对下属没有达成的目标进行绩效诊断，提出改进计划，计划应明确改进点、监控点、时间进度（改进周期及预计达标时间）及改进条件（如辅导人、培训等），确定改善绩效的最终日期，一般而言为30天、60天或90天。在_____/_____/_____（月/日/年）评估其是否达到最低限度的绩效改善。				
	需要改进的绩效（按重要性排列）	应采取的措施	执行部门/人	完成日期	
	1.				
	2.				
	3.				
	4.				
	5.				

	员工签名：　　　　主管签名：　　　　　日期：		
评价栏——改进情况	对照改进结果与预期的改进目标、期限作绩效改进情况评价，适当考虑改进的难度		
	主管签名：　　　　　　　　日期：		
考核等级	□改进较大（全部达标）　　□略有改进　　□没有改进（未达标）		
员工意见			
	员工签名：　　　　　　日期：		
二级主管意见			
	二级主管签名：　　　　　　日期：		

××公司（项目阶段）员工绩效意见反馈表

填写日期：

被考核者姓名		被考核者工号			评估期	从____到____
相关人员的角色/职位		相关人员所在的项目组/部门			项目所处的阶段	

我承诺，提供的以下事实依据是具体的、客观的、公正的！

1. 被考核者在与您相关的工作中承担的任务或角色：

2. 对照承诺目标或岗位职责要求，评价该员工在考核期内承诺的达成情况：

3. 该员工在考评期内表现出来的优点、表现出来的行为与技能和需要改进的地方：

考虑到所有影响因素，选择最贴切地描述该员工在过去这一时期内对于业绩达成的选项：

（各相关人员针对被考核者任务的完成情况提供具体客观的事实依据，并做必要评价；不宜评价或难以评价的，则只提供事实依据）

☐ 杰出

☐ 良好

☐ 正常

☐ 需改进

相关人员签名：　　　　　　　　　　　时间：

第6章

研发绩效结果的应用及奖金分配

前面的章节详细介绍了研发绩效管理怎么操作,本章讲解如何利用研发绩效管理的结果来激励研发人员。要想得到比较好的激励效果,先要清楚激励对象的需求,因为不同层次、不同年龄段的人的需求是不一样的。

6.1 研发绩效结果应用存在的问题

6.1.1 只考核,不应用

很多公司老板信誓旦旦地要做研发绩效管理,等考核结果出来之后也没有应用，只是考核。这样导致的结果是从公司的中高层管理者到基层的管理者都应付了事，因为没有相关的激励手段，使得管理者在员工的面前也显得底气不足。

研发绩效考核的结果一定要应用，应用在研发人员的工资、奖金、股票期权的发放上，同时还要应用在研发人员的职位晋升、更多的培训机会、职业生涯发展规划和更多的成长机会上。

6.1.2　应用不及时

研发绩效管理的结果一定要能够及时应用，如果不能及时应用：

第一年，研发人员很兴奋，满心期待，结果没有任何反馈。

第二年，研发人员就会应付了事。

第三年，研发人员理都不理你。

众所周知，诚信是一家公司永续经营的基本前提。如果研发绩效管理的结果应用不及时，无论你说你多么诚信，研发人员也会认为公司不讲诚信。

6.1.3　直接把考核结果刚性应用于工资和奖金

很多公司希望将研发人员的考核结果与其工资、奖金直接挂钩，甚至有主管说："直接给每名研发人员设计一个工资和奖金计算的公式，直接让财务部算，管理就很简单了。"

这是否可行？

根据我们多年的经验，这基本不可行。

为什么叫基本不可行，因为少数情况还是可行的。什么情况下可行呢？

对从事短期且重复性的工作的员工是可行的，如在餐厅卖啤酒，卖一瓶提成 0.5 元，就可以；如果给军队卖军舰就不行。

如果卖啤酒，2 分钟就可以成一单，这就是一个短期且重复性的工作。

如果卖军舰，5 年都不一定成一单，而且下一单不一定是军舰，可能是飞机，怎么提成？第一名研发人员工作 10 年都可能没有提成，所以辞职了；第二名研发人员接手他的工作，1 个月就把合同签了，提成 5 000 万元，这合理吗？

所以不能这么操作。归根结底，要基于每个人对这项工作的价值贡献来决定他的回报。这也是不搞绩效管理，直接计算薪酬造成错误的原因。

之所以有人提出要搞公式把研发人员的工资奖金直接算出来，是因为没有深刻理解研发绩效管理基于价值的本质，从而把个案当作规律，盲目复制其他公司和其他领域的成功经验。

研发工作是一项既不短期又不重复的工作，所以不能直接套用其他成功经验，否则，必然导致研发人员根据公式关注短期利益，牺牲公司的整体利益、长期利益，最终公司为此买单。

6.1.4 应用不恰当

应用不恰当最典型的是，不少公司把前面章节提到的扁大和扁二考走，扁鹊和扁六升官发财了。

6.2　研发人员的常用激励方式

《哈佛商业评论》曾经做过一次调研，总结出激励知识工作者的因素包括个人成长、工作自主、业务成就和金钱财富（见图 6.1）。这是北美的调研，北美这个地方经济很发达，所以他们可能认为钱的因素不很重要，但是对中国来说，钱的因素很重要。

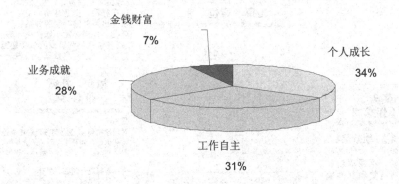

图 6.1　知识工作者的激励要素

中国的激励因素包括哪些呢？《世界经理人文摘》针对中国知识工作者的调研结果如下：

- 事业吸引人，工作中的成就
- 同事间人际关系的和谐
- 心情舒畅

- 多加工资，多发奖金

- 领导信任，关系融洽

- 工作条件与环境优越

- 家庭和睦

- 晋升机会

- 有表扬和奖励

- 爱情鼓励工作

激励一名研发人员的因素有很多，图 6.2 是我们多年总结出的中国企业对研发人员的激励手段，可供不同企业参考。

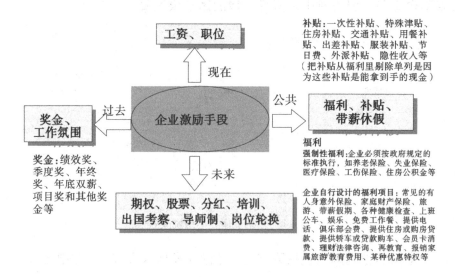

图 6.2 研发人员的激励手段

需要注意的是：以上这些激励手段都使用，公司可能受不了，因为成本太高。公司可以根据自己的情况选择一些长期、中期、短期的激励手段组合使用。

当然还有一些成本比较低的激励方式,研发经理要经常和人力资源经理沟通,"巧立名目",设计很多奖项,来激励研发人员。图 6.3 为我们总结出来的一些成本较低的奖项,这些奖项的激励效果也很好。

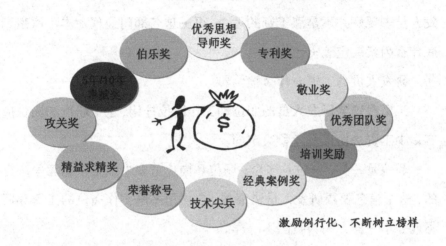

图 6.3 激励研发人员的各种奖项

6.3 工资、奖金、股票期权各与什么挂钩

研发人员的绝大部分物质收益来自工资、奖金、股票期权。所以研发绩效管理的结果必须与这三个激励手段挂钩。

6.3.1　工资与什么挂钩

在很多公司里都能听到部门经理这样跟领导申请："王总，我们部门这几名研发人员最近表现非常好，我们需要给他们涨工资。"

"这几名研发人员最近表现非常好，为什么要给他们涨工资？"

部门经理认为研发人员表现很好是涨工资的理由，而王总认为研发人员表现好并不是涨工资的理由。可见这名部门经理根本不清楚到底什么因素决定工资。

研发人员的工资与什么挂钩？

工资跟这名研发人员的职位和工作岗位挂钩，这个职位和岗位应有多少工资是由市场竞争决定的。

职位是一类，岗位是多个，职位和岗位值多少钱是市场竞争决定的，这个信息要跟研发人员讲清楚。公司里不同工作岗位的工资和回报就是不一样，因为贡献不一样。

举个例子。某研究院人力资源处长跟我说，我们院每次项目成功验收后对我们的研发人员有很多奖励，所以他们的收入比较高，导致公司的秘书行政类工作人员心理很不平衡，说："我们在院里工作这么多年，没有功劳也有苦劳，为什么每次成功之后给研发人员发奖金、涨工资，而我们不涨工资呢？"他问这该怎么办呢？

一点办法都没有！如果你一直在事务性的秘书岗位上工作，那10 年、20 年、30 年也只能拿到这个薪酬。

为什么？

因为公司可以以更低的成本招到更优秀的秘书，这个岗位工资是由市场决定的。

需要特别注意的是：以上全是理论上的，实际操作会比较复杂，因为经常会出现找不到具备此岗位要求的人，就是我们平常说的"瘸子里面挑将军"。

假定硬件部的副部长辞职了，公司实在找不到一个适合此工作岗位的人，但这个工作岗位必须得有人干，于是把王小二提上来暂代副部长。从正规的组织运作来讲，应该重新给他一个任命：

王小二　　硬件部　　代副部长

但一般公司都不这么做，就直接任命为：

王小二　　硬件部　　副部长

这样导致的结果就是王小二以为自己真的是副部长，就应该拿副部长的待遇，他会说："原来的副部长都配车，我怎么没有？原来的副部长工资、奖金、福利，我怎么没达到？"

其实是他的能力没有达到。但基于以上"工资是与职位和工作岗位挂钩"的原则，王小二说的没错，这样做确实是不合理的。

所以，"工资与职位和工作岗位挂钩"是有一个前提的，即所有职位和工作岗位的人都是合格的，但实际上这种情况是很少的，因此工资是由任职资格决定的。只是很多公司没有建立任职资格体系，所以才这样说。

6.3.2　奖金与什么挂钩

上面那名部门经理说研发人员表现非常好，不应该涨工资，而应该发奖金。因为奖金与绩效直接挂钩。

6.3.3　股票期权与什么挂钩

如果工资、奖金、股票期权三个激励手段都有的话，就可以较好地满足研发人员的短期、中期和长期的激励需求。

但是一般公司工资、奖金是有的，有股票期权的公司不多。公司如果要配股票期权的话，那与什么挂钩？

为什么一般高科技公司给研发人员配的股票期权比其他部门员工多？这是因为股票期权是跟发展潜力挂钩的。

有人说，我们需要把公司的每名研发人员培养成参天大树。这是不可能的。

为什么？

有的人天生是小草，有的人天生是参天大树，你非要把小草培养成参天大树，不光折磨自己，也是折磨对方，这是互相折磨。你要能够识别出公司里哪些研发人员是小草，让他干小草的事情；哪些研发人员是参天大树，就给他配股票期权。

举个例子。

阿里巴巴当年给员工做价值分配的时候，左手奖金，右手股票期权，问你要哪个？二者不可兼得。

最后，很多市场人员就把奖金拿走，买房、买车，改善生活质量；很多研发人员觉得马云对互联网行业非常了解，互联网的发展趋势也非常好，要股票期权。2007年年底，阿里巴巴在香港成功上市，一夜之间造就了 18 个亿万富翁、200 多个千万富翁、4 000 多个百万富翁。

6.4　工资如何涨

在同一级研发人员中，工资有高、中、低三等，如三级软件研发
人员工资为 8 000～14 000 元，可以分三等。

L（低）——8 000~10 000 元。

M（中）——10 000~12 000 元。

H（高）——12 000~14 000 元。

如果公司没有实施技术任职资格，就自己定出若干个工资区间，
不过要注意工资区间是交叉的。

根据公司的调薪周期，通过表 6.1 来调整研发人员的工资。这仅
仅作为调薪的参考，具体的比例也不用跟研发人员仔细讲，此表也不
要公布，如果此表透明了，就不需要公司的管理者了。

表 6.1　工资区

现有工资区	个人绩效考核成绩	组织调整系数
L（低）	D	0
	C	P1
	B	P2
	A	P3

现有工资区	个人绩效考核成绩	组织调整系数
M（中）	D	0
	C	0
	B	P1
	A	P2
H（高）	D	0
	C	0
	B	0
	A	P1

其中：

工资区间为 H 的是工资比较高的，所以只有考核结果为 A 的才可以调薪。

工资区间为 M 的，考核结果为 A 和 B 的均可以调薪。

公司区间为 L 的是工资比较低的，考核结果为 A、B、C 的均可以调薪，具体的调薪系数需要公司财务进行测算。显然，$P3>P2>P1$。

薪酬调整结果=现有薪酬$\times Q \times P_i$，其中：Q 为公司效益指数，P_i 为组织调薪系数，P_i 是根据公司每年的调薪指数来确定的。

如果研发人员的考核结果比较差，考评结果是 D，与其工作岗位不匹配，还需要给研发人员降工资，一般这种研发人员可能就接受不了，这样研发人员就会离职，对公司来说正好淘汰掉，皆大欢喜。

很多企业的问题是老板很慷慨，不断地给研发人员涨工资，结果发现随着时间的推移，很多老研发人员的工资越来越高。反正每月都能领这么多工资，一天到晚什么都不干，照样可以拿很高的收入。而很多新加入公司的研发人员水平很高、贡献很大，反而得不到很高的回报。这种价值分配的扭曲就会导致很多水平高的人离职。怎么解决这个问题呢？

给大家总结一个方法：根据职位和岗位匹配工资的饱和值。用这个方法就可以很好地解决这个问题。

公司每个工作岗位和每个职位对公司的价值贡献是不一样的，公司战略和人力资源管理部门可以根据公司的岗位设置情况，评估每类职位和工作岗位的工资区间饱和值。如果某位研发人员走上了这个工作岗位，随着时间推移，工资达到了这个工作岗位的饱和值。如果要拿到更高的工资，就必须升到更高的职位（注意不仅仅是管理职位，还有技术职位），升不到更高的职位，就永远不能超过这个职位的饱和值。

如果被降职，那工资也要降低，这会给大家一个压力，必须不断地上进才能发展，不能躺在功劳簿上睡大觉。

读者看到这里，如果你是人力资源管理专家，尤其是对任职资格研究比较深入的，那么你就明白这个饱和值就是任职资格的精髓！所以真正实施任职资格的公司就没有这个问题了。

工资一旦涨了就很难降低，因为"由奢入俭难"。如果没有工资调整的制度，降薪会造成很多矛盾、冲突甚至对抗。所以很多公司的工资是只升不降的。形成一个制度（任职资格和绩效管理相结合），调薪就容易被接受。

6.5　奖金如何发

6.5.1　研发体系奖金从哪来

研发体系的奖金最好能够形成一个奖金池（见图 6.4），来实现整个组织的均衡建设。具体奖金怎么算，第 5 章已经讲过了。

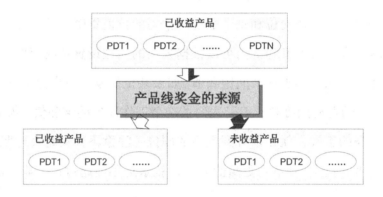

图 6.4　研发体系奖金池的来源

前面已经讲到：短期且重复性的工作，奖金可以采用类似提成的方式，就像卖啤酒。

研发不适宜这样。因为一个产品从开发出来到成功上市，把钱赚回来需要好几年的时间，如果我们非要等这个产品赚钱了再给研发人员发奖金的话，那是 3 年以后的事情了。研发人员愿意等吗？我想没有人愿意等。

所以研发体系的奖金一般是前人栽树、后人乘凉。研发人员今天分的奖金一定是之前的产品赚的钱，就像一个蓄水池一样，龙头打开之后，很多赚钱的产品源源不断地产生奖金流到奖金池中，然后在赚钱的产品和不赚钱的产品之间进行合理的分配，分配的比例按照考核的结果来评估。

6.5.2　研发体系奖金的具体分配

某公司正在快速发展时期，管理层为了激励研发人员努力工作，制定了以下薪酬政策。

1）工资=基本工资+浮动工资

基本工资根据研发人员学历和工作年限确定。另外，本着多劳多得的原则，浮动工资与研发人员承担的项目挂钩，浮动工资=基本工资×项目难度系数。浮动工资只有参与了项目才有，项目结束则取消，如果一个人参与多个项目，只按项目难度系数最大的一个项目来计算。

2）奖金=产品纯利润×15%

具体每名项目团队成员的奖金根据个人在项目中的贡献按如下公式计算：项目负责人 60%；主管设计师 30%；项目团队其他成员及配合工作人员 10%。

这是真实的例子，我们来详细分析一下。

首先，工资=基本工资+浮动工资。

很多公司都这样做：给研发人员的工资 10 000 元/月，其中基本工资 8 000 元，2 000 元作为浮动工资。这样做没有问题，但是要在一开始就说清楚，不要在招聘研发人员的时候说工资是 10 000 元，结果来了之后给他 8 000 元的基本工资和 2 000 元的浮动工资，这会给人造成很不好的感觉。

如果公司现在还没有采用浮动工资制，这样做一定要慎重，因为你会发现，如果现在研发人员每个月 10 000 元，你说今年开始搞浮动工资制，20%是浮动工资，每个月发 8 000 元，一个季度下来 3 个月 6 000 元，根据考评结果决定发放。你会发现，虽然 80%的人最后都拿到这钱了，但是研发人员的感觉会很不好，他会觉得公司在从他的口袋里掏钱。

你给研发人员多发 1 000 元带来的快乐感，一定小于从研发人员口袋里掏 100 元的痛苦感。研发人员一旦感觉不好就开始走神，走神就出不来成果。所以如果要这样做的话，建议把浮动工资叫月度奖金。

其次，基本工资根据研发人员的学历和工作年限确定，有没有问题？

这个案例中怎么定工资也是有问题的，前面已经说得很清楚了。

再次，奖金=产品的纯利润×15%。这就是项目奖。

其实，项目奖属于把研发人员奖金刚性公式化的一个表现形式。前面已经强调了这是个误区。

案例分析完了，那么，奖金到底怎么发？

根据研发人员的考评结果，考评结果为 A 的一般体现为工资的倍数，如 3 个月、6 个月工资；考评结果为 B 的 2 个月工资；考评结果为 C 的 1 个月工资；考评结果为 D 的一般很少或没有。具体金额每个公司根据奖金池的金额测算后决定。

如果一个水平高的研发人员老赵考评结果是 C，一个水平低的研发人员小李考评结果是 A，谁的奖金多？得 A 的小李还是得 C 的老赵？

有人说，得 A 的肯定多！

不一定！

因为老赵对公司的实际贡献可能大。小李虽然是 A，但仅仅达到了他的个人绩效承诺的挑战目标。因为小李水平低，所以目标就定得比较低，即使达到了 A，对公司的贡献也可能比老赵小。

打个比方：一个水平低的部长有可能贡献比一个水平高的科长大。

所以以工资的倍数来体现，这样会比较科学。

6.6 股票期权如何配

很多公司没有股票期权，如果想实施，请注意以下几点。

1）不能轻易配，因为一旦配了，就很难更改和废除。它不像奖金，可多可少，可发可不发；也不像工资，员工离职就不用发。

2）如果要配，给谁配？经过较长时间的研发绩效管理，通过员工的实际行为表现，甄别出能为公司未来持续产生价值的研发人员，这样的研发人员才可以配；如果是有历史的公司，也可以考虑历史上曾经为公司做出巨大贡献的人，尤其是不可替代的人。

3）怎么配？把管理价值贡献和技术价值贡献分开，对于能持续产生管理价值贡献的研发管理者，可以配给有决策权和物质收益的股票期权；对于只能产生技术价值贡献的研发人员，可以配给有物质收益而没有决策权的股票期权。

4）配多少？从理论上来说，应该根据价值贡献大小来配，但实际上这不可操作，因为谁也不知道实际的价值贡献有多大。所以实际操作是由老板和被配股者主观上感觉的价值贡献来决定，一般最终是经过沟通、妥协出来的。也有的公司不沟通，老板直接配，导致被配股者的期望和实际结果有较大的反差。这种反差会导致老板或被配股者的心理失衡。

青铜器 RDM 产品介绍

公司总经理与研发总监的困惑

1. 公司每年的研发投入不少，但是产品总是不能按照预定的计划推向市场。

2. 公司的资源究竟投到什么地方，以及重点项目的资源投入有没有保障缺乏监控。

3. 研发人员离职对公司和项目的冲击很大，如何固化公司的知识库？

4. 如何量化评估研发项目和研发人员的绩效？

5. 缺乏数据支撑，如何对研发工作进行量化管理？

研发部门经理的困惑

1. 人都派到项目中去了，具体在干什么不清楚。
2. 对资源预测不清楚，导致规划成"鬼话"。
3. 项目信息不透明，总是要找项目经理问。
4. 研发费用（人力资源、仪器设备）总是搞不清楚。
5. 没有客观的绩效数据，考核靠拍脑袋，分不清业绩好的员工到底是幸运，还是能力强，还是勤奋。

研发项目经理的困惑

1. 研发项目计划失控，无法按照预定要求完成。
2. 项目组人员忙闲不均，工作不透明。
3. 任务布置不下去，员工反馈工作很忙，但不知道在忙什么。
4. 研发项目信息不透明，布置下去的工作不能天天盯着员工，无法实时监控。
5. 过去犯过的错误经常犯，缺乏经验教训的积累。
6. 缺乏量化数据，做绩效考核缺乏客观依据。

研发工程师的苦恼

1. 自己做得很辛苦，领导不了解，很委屈。
2. 同时承担了部门工作和多个项目的工作，如何安排好自己的工作时间？
3. 如何做好每天的工作记录和工作总结，形成良好的职业习惯，保证每天前进一小步？
4. 如何继承其他人的经验，避免犯同样的错误？
5. 如何让领导在评价自己的绩效时有客观的历史数据？

我们对研发业务的理解——企业核心价值链

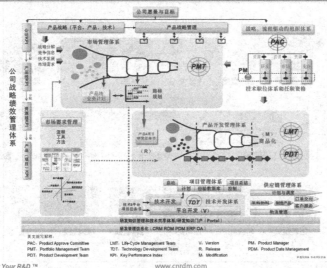

产品研发价值流中的四条业务主线

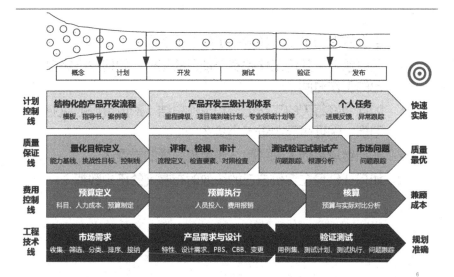

青铜器RDM的业务框架体系

青铜器RDM支持项目端到端全周期管理

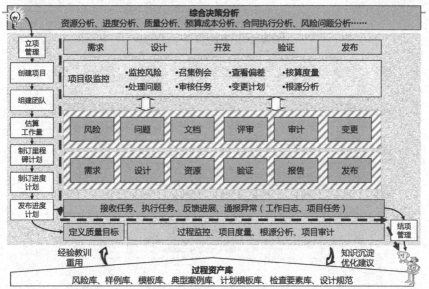

青铜器RDM是IPD的落地使能器

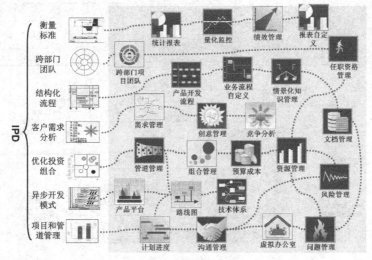

青铜器RDM的业务框架体系

以项目管理为主线的PLM业务执行框架

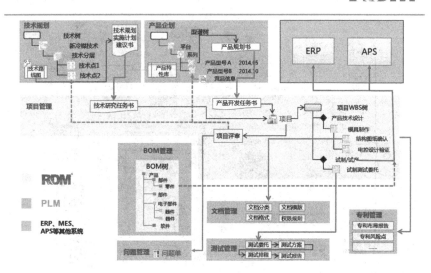

青铜器RDM提供按角色分权限的灵活授权机制

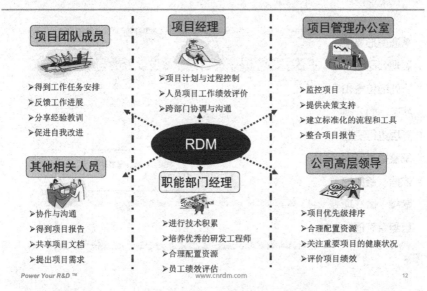

项目团队成员
➤得到工作任务安排
➤反馈工作进展
➤分享经验教训
➤促进自我改进

项目经理
➤项目计划与过程控制
➤人员项目工作绩效评价
➤跨部门协调与沟通

项目管理办公室
➤监控项目
➤提供决策支持
➤建立标准化的流程和工具
➤整合项目报告

RDM

其他相关人员
➤协作与沟通
➤得到项目报告
➤共享项目文档
➤提出项目需求

职能部门经理
➤进行技术积累
➤培养优秀的研发工程师
➤合理配置资源
➤员工绩效评估

公司高层领导
➤项目优先级排序
➤合理配置资源
➤关注重要项目的健康状况
➤评价项目绩效

Power Your R&D ™　　　www.cnrdm.com　　　12

基于青铜器RDM派生关联技术，实现研发业务协同关联，信息一体化

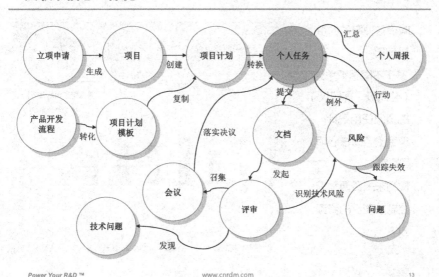

项目状态及管道透视

管道图形象地展现公司项目所处的位置和状态，为公司高层进行资源配置提供可观依据，避免拍脑袋，做好项目组合管理

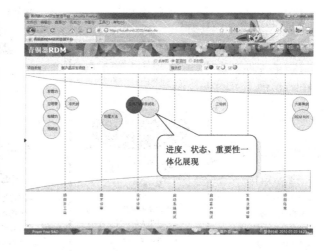

通过各种图表，直观、透明地展现资源使用状况

> 明确各种职位的资源使用
> 基于不同组织单元（公司级、部门级）的资源使用统计
> 确保资源向核心项目倾斜
> 预测未来资源需求
> 控制非项目的资源投入

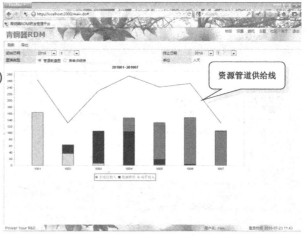

"活力曲线"，打造高绩效的团队文化

> ➤ 保证公司"活力
> 曲线"
> ➤ 绩效PK，贡献大
> 小数据说话
> ➤ 员工历史绩效可
> 随时查询，分析
> 员工成长轨迹，
> 进行持续改进
> ➤ 针对考核结果，
> 进行恰当激励

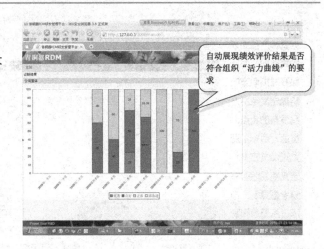

自动展现绩效评价结果是否符合组织"活力曲线"的要求

市场需求管理，实现从闭门造车到市场驱动的转变

> ➤ 实现需求提出→
> 需求评审→需求
> 规划→需求反馈
> 全过程透明管理
> ➤ 集中管理全方位
> 的需求（客户、
> 内部、供应商等）
> ➤ 实现从闭门造车
> 到市场驱动的转
> 变，指引公司做
> 正确的事

统一客户需求入口，长期、短期、内部、外部、单产品、跨产品需求，统一解决！

基于市场需求、竞争、资源，定义产品路线图，明确产品发展方向

> 将市场需求落实为具体产品规划的路线图，为产品开发指明方向
> 明确定义每次产品发布的卖点、价值、目标，避免无谓发布
> 定义路线图时充分考虑竞争、市场、资源等因素

基于资源、竞争、市场因素，定义发布次序，实现利益最大化

青铜器RDM实现需求端到端跟踪（RTM），工程技术全贯通

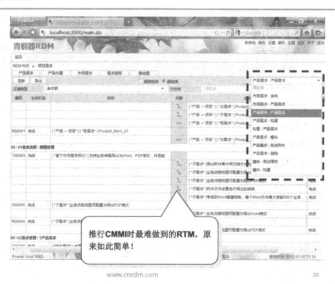

> 轻松实现：市场需求←→规划发布←→产品需求←→设计需求←→产品规格←→物理模块←→Build构建←→测试用例←→测试计划←→产品缺陷←→测试报告，全程跟踪

推行CMMI时最难做到的RTM，原来如此简单！

结构化、透明的项目进度管理，达到单机Project软件的易用水平

> 全面兼容MS Project、Excel
>
> 支持分层分级的项目计划体系
>
> 针对研发项目管理的特点，剔除其他通用项目管理软件复杂的逻辑计算，增强易用性，提高交互性，强化继承性，使缺少专业计划技能的人也能很好使用

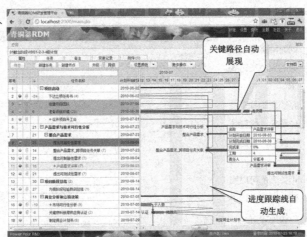

www.cnrdm.com

全面支持计划的基线管理，通过趋势图分析，清晰展现项目计划的变化过程

> 项目里程碑点与具体计划执行自动关联
>
> 图形化展示项目计划的变化过程，集中展现项目计划变更原因
>
> 个性化定义计划变更审批过程，充分体现高层领导对计划的控制力

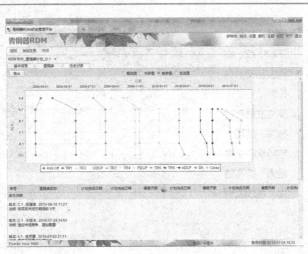

www.cnrdm.com

按照管理规范定义规范交付，并且自动检查交付的齐套性

- › 基于规范，定义项目计划模板，同时明确每个任务的规范交付要求
- › 系统自动基于交付要求，检查任务交付内容的齐套性
- › 相关人员可以直观对交付文档进行星级评价

在线浏览、批注、全文检索、基线管理

- › 支持只能查看不能下载，实现文档安全性控制
- › 支持文档在线批注、答复
- › 支持文档全文检索、版本对比、基线管理

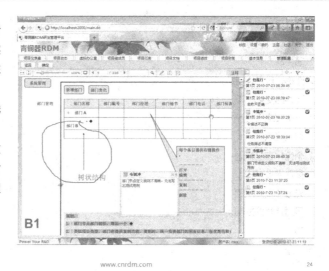

全面解决技术评审中抓壮丁、科普会、批斗会的问题，使技术评审真正落到实处，避免走形式

> 自动与评审检查单Checklist关联

> 自动与历史失败案例关联

> 自动汇总统计评审专家表现

> 评审发现问题自动跟踪直至关闭

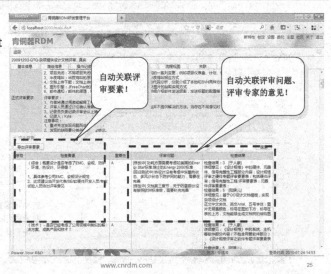

自动汇总部门资源未来计划安排，发现资源瓶颈，分析基于目前的资源是否还能承接更多项目

> 跨项目汇总部门人员的计划安排，部门资源忙闲状态自动分析

> 通过部门计划管理，实现部门任务规范化，使组织建设方面的工作也能规范化开展

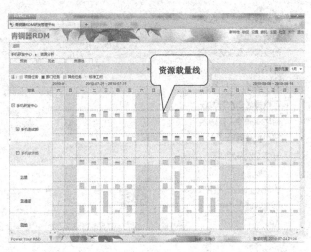

情景化知识推送，增加业务流程的执行效率和质量

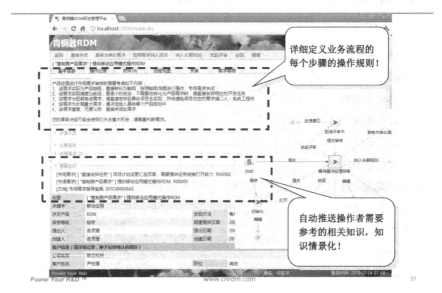

详细定义业务流程的
每个步骤的操作规则！

自动推送操作者需要
参考的相关知识，知
识情景化！

全面支持客户原子级别的二次开发

> 可能灵活增加不限数
> 量研发业务流程，从
> 而支撑研发业务的全
> 面IT化
> 基于插件功能，用户
> 可以灵活二次开发任
> 何功能插件，并融入
> 集中权限管理
> 五层二次开发体系
> （功能插件、
> Webservice、过程
> 协同、操作钩子、
> API）

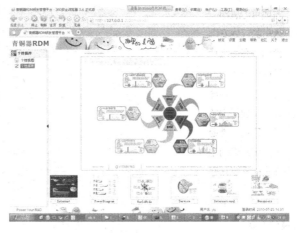

集中门户、信息协同

- 通过青铜器研发门户实现公司信息系统的集成管理，有效解决信息的冗余与协同
- 青铜器RDM提供标准的RPC服务接口，能很好地融入公司整体信息系统
- 青铜器"研发门户模块"实现源码开放，客户可以灵活扩展，满足自己的切实需要

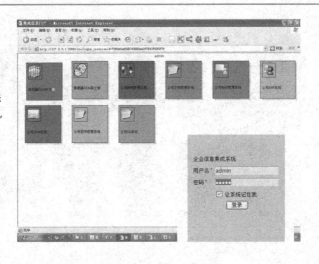

www.cnrdm.com　29

全方位支持移动化，迈入移动办公时代

和Leo联系，具体完成我们 www.cnrdm.com:2000 及 其他 RDM升级到最新版本

基于微信企业号，与企业微信账户关联，无须下载APP，信息安全无忧

采用前沿主流技术，提升交互体验，物有所值

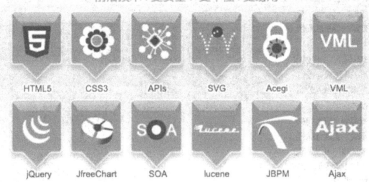

研发整体解决方案 ——小投入大回报

每天5分钟，研发管理变轻松！

反侵权盗版声明